笑って稼ぐ仕事術

お笑いライブ制作K-PROの流儀

K-PRO代表
児島気奈
kojima kina

文藝春秋

はじめに

この本をお手に取っていただき、ありがとうございます。

都内でお笑いライブを制作・運営している株式会社K‐PROの代表、児島気奈と申します。

はじめましての方も多いと思いますが、もしかしたら『アメトーーク！』や『ゴッドタン』、『セブンルール』などのテレビ番組で私のことを見て、知ってくださっている方もいるかもしれませんね。

全く知らないという方のために、まずは私がやっているK‐PROとは一体どんな仕事をしている会社なのか、説明させてください。

K‐PROは、2004年5月18日に、新宿にある老舗のお笑いライブハウス「新宿Fu‐（新宿永谷ホール）」で旗揚げしました。来年の2024年で20周年となります。

社員は私を含めて現在10人で、アルバイトスタッフは20人ほどいます。

2021年4月には、キャパ150人収容の劇場「西新宿ナルゲキ」をオープンしまして、そこで毎日のように若手芸人が出演するライブを開催しております。

スペシャルライブは「ナルゲキ」を飛び出してさらに大きな会場で開催しておりまして、メインのライブ『行列の先頭』は、「LINE CUBE SHIBUYA（渋谷公会堂）」や「東京国際フォーラム」、２０２３年にはキャパ２５００人の「TOKYO DOME CITY HALL」に進出しました。

19年間もライブ運営をしていますと、Ｋ－ＰＲＯのライブに出演していただいている芸人さんの中から、Ｍ－１グランプリなど賞レースで優勝したり、メディアで大活躍される方がどんどん増えてきました。ありがたいことに、その芸人さんたちが今もうちのライブに出てくださるので、大きな会場でもライブを開催できるのです。

さらにＫ－ＰＲＯは、裏方として音響や照明、ライブ配信の派遣業務もしており、コント日本一を決めるキングオブコントの音響オペレーターを毎年何組か担当させていただいています。２０１８年は私自身が音響を担当したハナコが、見事優勝するという嬉しい経験もさせていただきました。

また、５年ほど前から所属芸人をとってプロダクションとしての業務もスタートしました。まだ一組も売れっ子は出ていませんが、ライブシーンでは人気の若手も何組か出てきており、将来をすごく楽しみにしております。

この本は、2020年6月2日からオンラインサロン「K-PRO児島のお笑いライブサロン」で私が毎日書いているブログから、ビジネスに関することを中心に抜粋し、加筆修正して再構成したものになります。

この19年間で、酸いも甘いも様々なことを経験させていただきました。

その実体験をもとに、お笑い業界に限らず、どんな仕事にも役に立つK-PRO流の仕事術を包み隠さず具体的に紹介していますので、是非とも他業種の方にも読んでもらい、一つでも何かのプラスになればと願っております。

私もビジネス書を何冊も読んで勉強してきましたが、本書では、よりわかりやすく、どなたにでも伝わるように仕事術を紹介できたと思います。読みやすさだけは誰にも負けない自信があります。

また全ての話がお笑い界で実際に起きたことです。さらにこの本は、私、K-PRO児島の自伝とも言えます。

読んだ直後から実践できる即効性抜群の本になっているはずですので、ご活用いただけたら嬉しいです。

※本文中のコンビ・グループ名は敬称を省略させていただきます。

もくじ

第3章 K-PRO流 笑って稼ぐ仕事術 マネジメント編

ブックデザイン　鶴丈二
ＤＴＰ　エヴリ・シンク

第1章
お笑いファンだった私が、お笑いの劇場を作るまで

Ｋ－ＰＲＯ流仕事術の詳細や実践例をご紹介する前に、まずは私個人がどうやってこの業界に入り、お笑いライブの制作の仕事を始めて、東日本大震災や新型コロナなど紆余《うよ》曲折を経て、お笑いの劇場を作るに至ったのかを、**「好きなこと」を仕事にして起業し、ビジネスを展開していった一例**として、書いてみようと思います。

ジョビジョバのスタッフの女性に憧れて……。

私は１９８２年２月、東京都大田区で生まれました。大田区といっても、田園調布のような高級住宅地ではなく、下町の工場地帯のほうです。実家はペンキ屋を営んでいて、１階が店舗、２階に父、母、私、妹二人、父方の祖父母、３階に父の弟の家族が暮らしていました。父の仕事が塗装業というのは、ビートたけしさんやダウンタウンの浜田雅功《まさとし》さんと同じなんですよね。お笑いの仕事に就く血筋があるというか、勝手に運命を感じています。

お笑いを好きになったのは父の影響です。よく「子どもの頃、家でお父さんとプロ野球中継を見ていた」なんて思い出話を聞きますが、うちの父は野球中継ではなく、お笑い系の番組ばかり見ていました。家族揃ってゴールデンタイムにかかるバラエティ番組を見ながら夕飯を食べていたので、萩本欽一さんはもちろん、父の好む上岡龍太郎さんやシティボーイズの大竹まことさんなどが活躍する番組を、幼少期から一緒に見て楽しんでいました。

そんな渋めの芸人さん好きの私でしたが、中学生のときに「ボキャブラブーム」が起き、爆笑問題やネプチューンなど〝若手のお笑い〟というものを知って、どんどんハマっていきました。自分のお兄さん世代の人が、漫才の衣装ではなく私服のような格好でテレビに出て、ボケたり、ツッコんだり、スベったりしている……というのが、衝撃的だったんです（この時代のバラエティは、演出としてスベっているところも放送していました）。

個人情報の保護に厳しい現在では信じられないかもしれませんが、当時は文通相手を募集できる雑誌があって、そこに住所や名前が普通に書いてありました。そこでお笑い好きの文通相手を見つけて、全国のお笑いマニアとテレビの録画ビデオやラジオを録音したカセットテープを送りあったりして情報を集め、お笑い系の雑誌もほとんど買っていました。

高校の後半から大学時代にかけて、**一番夢中になって追いかけていたのは、ジョビ**

ジョバです。

ジョビジョバは、明治大学の演劇サークルのメンバー6人で結成したユニットで、ボキャブラブームと同じ頃単独公演を中心にすごい勢いで頭角を現し、彼らがメインのテレビ番組をいくつも持っていました。

当時の私は、ライブはもちろん、ビデオやCDの発売イベントにも通い、グッズも大量に入手しました（今も大切に持っています）。学校から帰ったら、すぐに部屋にこもって、ひたすら録画したジョビジョバの番組を見て、編集したりしていました。少しだけ出ていたバラエティ番組やドラマなども全てチェックしていましたし、雑誌や新聞の記事も切り抜いて整理していました。その時間が何よりも楽しかったんです。

ジョビジョバを追いかけていた理由は、ジョビジョバのやるコントが大好きだったからというのが一番でしたが、もう一つ大きな理由がありました。

それは、**ジョビジョバのライブの制作担当だった女性の存在です。**

ライブを見に行ったとき、その女性が、舞台を見ている姿やお客様の対応をしている姿を何度も目撃しました。メンバーからの信頼も厚く、度々その方の名前がトークやブログなどに登場していて、「こんなすごいメンバーが全幅の信頼を置いているということは、とても素敵な方なんだろうな」と、興味が湧いてきて、会場で見掛けたら目で追うようになっていきました。

その女性を見ていると、各所に指示を飛ばしたり、時計を何度も確認したり、イベント終了後にメンバーが移動する際、出待ちのファンたちの「はがし」をやって移動をスムーズにしていたりと、オールマイティに動かれていて、とても格好よかったんです。

ジョビジョバのライブやイベントで、その女性を見掛ける度に、**「私もあの人のようになりたい」と憧れるようになりました。**

文通仲間に誘われてお笑いライブのスタッフに。

高校3年のとき、雑誌の文通コーナーで知り合った女の子に、「中野でお笑いライブっていうのがあるらしいから、一緒にお手伝いに行かない？」と誘われて、「爆笑問題とかネプチューンが見られるのかな？」と思い、軽い気持ちで参加することにしました。でも実際に行ってみると、全然知らない芸人さんばかりだし、お客さんも全然入っていないし、ウケていないし、来たことを後悔しました。

「テレビに出ている芸能人には会えないのか」と楽屋でふてくされていたら、出演者の落語家さんに「なにサボってんだよ！」と怒られてしまい……。普通はビビって反省すると思うんですが、私は「なんで知らない人に怒られなきゃいけないんだ！」と悔しくなってしまったんです。

「だったら、次は絶対『いてくれてありがとう』と言ってもらえるスタッフになってやろう。そしていつか私がライブの主催者になって、芸人さんから『出してくださ い』って頭を下げられるようになろう」という気持ちになって、ライブのお手伝いを続けることにしました。

大学に進学した私は、見習いスタッフとして、あちこちのライブに顔を出してお手伝いをして回っていました。当時の芸人さんは、今ほど優しくなかったですし、仲が悪いコンビもいて、楽屋にはピリピリとしたムードが漂っていました。

最初の頃は、芸人さんに「所作が汚い」「使えないな」などと叱られっぱなしでしたが、大学よりもお笑いライブを優先させて修業をし、音響照明や舞台袖の仕事がある程度できるようになった頃には、重宝されるようになってきました。

どのライブに行っても、「気奈、頑張ってるな！」「気奈ちゃんはすごいね」と褒めていただけることばかりで、それがまた嬉しくて、もっと頑張って褒めてもらおうと、お手伝いに入れそうなライブを見つけては、とにかく参加していました。

毎日のようにライブのスタッフをやりつつ、実はこの頃、文通仲間に誘われて、ブルーン@バルーンという漫才コンビを組み、舞台に上がったりもしていました（初舞台で一緒だったのはマシンガンズです）。

小・中・高とずっと演劇部で、人前に出ることが好きでしたし、芸人さんの気持ちを理解したいという思いもありました。張り切って裏方のスタッフをやりながら、たまに舞台にも立ち、ライブのMC（司会者）の横でアシスタントもやって……という毎日で、大学にはほとんど行っていませんでした。当時は**「大学に行く＝プロを舐《な》めている」**と思われていたからです。「学生お笑い」という文化が成立する前の、「大学行って保険かけてるやつが、売れるわけない！　プロはそんな甘い世界じゃない！」という考え方が当たり前の時代でした。

大学に通いながらライブに出ていた芸人さんも、もちろんいましたが、皆、ひたすら学生ということを隠してました。当時ライブでよく一緒だった、恐らく同期にあたるハマカーンのお二人も大学生であることをあまり言わず、「なかの芸能小劇場」の楽屋で「他のスタッフさんから聞いたけど、大学行ってるんでしょ？　実は俺もそうなんだ。言えないよねえ〜」と会話をしたのを覚えています。それぐらい「大学生である」というのは禁句でした。

そんなとき出会ったのが、のちにK－PROを一緒に立ち上げることになる松本剛《ごう》です。松本は当時芸人としてコントをやっていて、私がスタッフで入っていた「新宿Fu-」という劇場で開催するライブの前座コーナーに出ていました。松本は楽屋に行く途中の階段に座って、耳にイヤホンをして「俺に話しかけるなオーラ」を放っていて、第一印象は「尖ってる若手」でした。

私がいつものようにスタッフとして働いていたら、そんな松本から声をかけられました。

「スタッフだったら、もっと落ち着きを持ってもらえない？」

「さっきからバタバタ走り回っているけど、そんなにやることある？」

「もっと堂々としててよ。出演者を安心させるのも裏方の仕事じゃないの？」

……初対面の、初めての会話ですよ？　しかも怒っているんです。

最初に思ったのは、「なんだこの人、やばいな」で、いきなり怒られたことで腹も立ち、そのせいでライブも楽しくなくなるし、その日はずっと嫌な気持ちでした。

家に帰ってからもまだ心の中に松本から言われた言葉が残っていて、一人でブツブツ文句を言っていたんですが、だんだんと、

「たしかに、走り回りすぎてたかも……。飲食店でも、忙《せわ》しないスタッフがいる店は心配になるな……。みんなに褒められたいから、忙しいアピールをしてたのかも……」

と、頭の中で反省するようになっていきました。

思い返せば、たしかに走り回る必要はありませんでした。走り回っていたら「今日も頑張ってるね」と言ってはもらえますが、「できるスタッフだ」と褒められていたわけではなかったということに初めて気づかされました。

その日以来、バタバタ走り回るのをやめて、落ち着きを出すように心掛けて仕事をしていたら、私が出ていった直後の楽屋から、

「気奈ちゃんって若いのに本当しっかりしてるよな。あの子のいるライブは安心するわー」

と言っている芸人さんの声が聞こえてきました。多分、それが初めて「スタッフとして認めてもらえた」瞬間だったと思っています。**褒められてこんなにドキドキしたことも初めてで、本当にスキップして帰ったぐらい感動しました。**

加減を知らない子どもだった私が、大人になって社会に出た瞬間は、今思うとこのときだったかもしれません。それから、「もっと芸人さんに認められたい」、「怒られたところを改善して、『児島さんがいなかったらダメだった』と言われるぐらい必要

とされたい」と思うようになりました。

芸人としては、トリオになってみたりと試行錯誤の末、相方が「やっぱりお笑いはやるより見るほうが好き」と言い出したことで舞台に上がらなくなりました。裏方のスタッフは続けていましたが、次第に手伝いだけでなく、自分でライブを主催したいと思うようになり、2004年に、松本と、「シアターD」（2016年に閉館）という劇場で音響や照明のスタッフをしていた女性と3人で、アマチュア芸人を集めたライブを企画するようになりました。劇場を借りる手続きの際に、代表者は誰かと聞かれ、「私です」と答えたのがK‐PROの始まりです。この瞬間から、**私は「K‐PRO代表の児島気奈」になりました。**

お笑いライブ制作の仕事とは？

……と、ここで一旦、K‐PROがメインでやっている「お笑いライブ制作」という仕事がどのようなものかわからない方も多いと思うので、仕事の流れをご説明しておきましょう。

企画を立ててから本番が終わるまでの工程を一覧にすると、以下のようになります。

*やりたいライブ案を考える
*劇場を探す
*日時を決める
*当日のスタッフを集める
*ライブタイトルを決める
*チケット代金を決める
*経費の想定をする
*出演交渉を開始する
*チラシ、ポスターを作る
*SNSでライブ開催を発表する
*ライブの内容を考える
*当日仕込み、リハーサル
*本番スタート
*片づけ、支払い等
*打ち上げ、解散

これらの工程を一つずつ、実際にライブ制作をやっている流れで具体的に説明していきます。

まず「やりたいライブ案を考える」は、ネタを見せるライブにするのか、芸人さんがフリートークをするライブにするのかなど、ライブの種類を決めることです。ネタのあとにトークをするライブのように、二つを合わせた形態のものもあります。「出演者を何組にするのか」も決めないといけませんし、ネタライブといっても「最初にMCが出てきてライブの説明をするパターン」や「出囃子が鳴ってネタからスタートするパターン」もあります。考えるべきことは色々あるんです。

今回は、シンプルに出演者8組でMCはナシのネタライブをすることにして説明を続けます。

やりたいライブが決まったら、劇場を押さえないといけません（人気のある劇場の場合、先々の予約が埋まっていることが多いので、空いている日を先に押さえておいて、あとから何をやるか決めることもあります）。会場をどこにするかは、実際にライブを主催するときに、かなり重要なポイントです。安いからといって、普段お笑いライブをやっていない、行きづらい場所にある公民館のホールを借りたりしたら、集客が難しくなります。**「初めての会場に行く」「知らない駅に行く」というのは、お客**

様にとってかなりハードルが高くなるからです。

今回は「新宿Fu-」を借りる設定にします。新宿の歌舞伎町にある、お笑いライブの殿堂として愛されている劇場です。キャパは70席です。劇場を借りる代金は、2023年現在、平日の夜だと3万3000円、土日祝の夜だと4万9500円です。今回は、集客がしやすい土曜日に開催することにします。

続いて、「日時を決める」です。劇場を借りた時点で日にちは決まるので、時間を決めます。土曜日の18時スタートにしましょう。これで、**【○月×日（土）の18時から「新宿Fu-」でネタライブ】**までが決まりました。

次にやるべきことは、「当日のスタッフを集める」です。現在のK-PROには、すでに優れたスタッフが沢山いますし、スタッフ集めの苦労はなくなりましたが、初期はこの作業も大変でした。今ならSNSで募集したり、それでも集まらなかった場合は友人や家族を頼るのも最初は全然ありだと思います。

続いて「ライブタイトル」と「チケット代金」を決めます。このあと芸人さんに出演交渉をする際に、**所属事務所の方は会場の場所や日程はもちろん、チケットの価格も細かくチェックします**ので、安すぎたり高すぎたりしないように、しっかり考えて値段をつけるようにしています。

ここでは、タイトルは仮に「K－PROお笑いライブ」にして、値段は1500円にしましょう。「新宿Fu-」で開催されているライブの大体の相場の値段になります。

続いて、いよいよ「出演交渉」になりますが、その前にチケット代を1500円に決めたことによって、「完売した場合のチケット収入の金額」が出ました。

「新宿Fu-」はキャパが70席なので、完売したとすると、1500×70で10万5000円がチケット収入のマックスです。ここから、集客見込みを考えて、いくらぐらいの収入になるかを計算します。今回は満席になると想定して、10万5000円から、確実にかかる劇場レンタル費の4万9500円を引きます。残った5万5500円から、芸人さんの出演料、ポスターやチラシ代、スタッフ代、ケータリング（出演者のために楽屋に用意する飲食物）料を捻出しなければいけません。

今回はポスターやチラシ代は全部で1万円にしましょう。残り4万5500円になりました。この額をもとに芸人さんの出演料を決めていきます。**K－PROを始めたときから、芸人さんにはしっかり出演料をお支払いするようにしています**が、開催するライブによって出演料は変えています。会場が大きかったり、ライブの内容がスペシャルだった場合は、通常より多くお支払いしているのです。今回は通常の「新宿Fu-」のライブという想定なので、一組、3000円でお願いすることにします。一人じゃなく、一組です。3000円×8組＝2万4000円で、残金は、2万1500円になりました。この中で、スタッフへの謝礼、ケータリング代、打ち上げ代をやりくりします（ということは、手元にお金はほぼ残らないということです）。

ギャランティも決まったので、いよいよ芸人さんの事務所に連絡を開始します。事務所の人に伝えるのは、以下の三点です。

＊日時、場所、チケットの値段、出演料

＊ライブのタイトルとコンセプト

＊ライブ出演のメリット（ネタが試せます、満員の客の前でできます、宣伝したい他のライブのチラシがあれば折り込みます……など）

これらのことを書いて、出てほしい芸人さんの事務所にメールして、断られたらまた別の出演者に交渉し直す……を繰り返し、全ての出演者を決定して、ポスター、チラシを作ります。

次は、ついに「開催発表」です。ホームページやSNSに載せて、ガンガン告知していきます。**効果のある告知の方法は「時間は18時45分～19時、または21時30分～22時30分あたりに、SNSで流す」です。**理由は、19時にスタートするライブが多いので、会場に入って座って開演を待っている、お笑いファンの方が一番スマホを見る時間だからです。もう一つは、21時にライブが終わり、出待ちなどをして、帰るときに電車の中でスマホを見る時間に合わせています。告知や宣伝をするのに有効な時間は、経験で身についています。

続いて「ライブの内容を考える」です。トークコーナーやゲームコーナーを入れる場合は、このタイミングでトークのテーマやゲームのルールなどを考えますが、今回はネタだけのライブなので、芸人さんの出演順だけを考えます。

さて、ライブ当日になりました。まずは、「仕込みとリハーサル」です。場所によっては、パイプ椅子を並べたり、照明を仕込んだり……といった作業が必要になってきます。

楽屋に置く飲み物やお菓子などのケータリングも用意します。**K-PROは、ケータリングにもこだわっていて、芸人さんたちから好評を得ています。**ライブの盛り上がりは、芸人さんのテンションにかかっているので、楽屋の雰囲気作りには昔から力を入れてきました。スタッフが芸人さんのために動けば、その分気持ちよく舞台で実力を発揮してもらえ、自然とお客様の満足度も高まります。

出演する芸人さんが到着し、リハーサルを開始する前には、気持ちを込めて出演いただくことへの感謝を伝えます。そのあと、出演順を伝えます。このときのコツは、

「時間はとにかく短めに」です。昔は、私もここでつい熱くなって大演説をしてしまいがちでしたが、芸人さんたちに**「今日のライブを成功させたい」という気持ちを伝えるだけで十分です。**スタッフ紹介もいちいちしないようにしています。

開場時間が近づくと、並ばれているお客様の整列や、入場の際の誘導などを行い、本番スタートです。終わったら、片づけをして、会場費や出演料をお支払いし、劇場の方に挨拶して、打ち上げ、解散となります。

この通りにやれば、誰でもライブ制作の仕事ができるはずです。ただ、「芸人さんとお客様を気持ちよく楽しませること」は簡単にはできませんし、テクニックが必要です。**お笑いライブ以外の仕事にも活かせる、そういったノウハウは、2章、3章で詳しく書いていきます。**

ちなみに「制作」と一言で言っていますが、**K-PROの制作は「舞台全般をやる」という認識です。**一般的に舞台の制作とは、スケジュールの決定や管理、スタッフの手配、広報、お客様対応、ギャランティの管理などですが、うちはさらに舞台監督もやりますし、規模によっては音響・照明もやりますし、今なら配信もやります。

制作の仕事はよく「なんでも屋」と言われたりしますが、うちは本当になんでも屋だと思います。

業界のルールを知らない私にかかってきた大手事務所からの電話。

話をK－PROを立ち上げた当初の2004年に戻します。

この年の5月18日、私たちは「新宿Fu-」を借りて、K－PROとして初めてのお笑いライブ『行列の先頭』を企画、開催しました（このときはまだ、会社組織ではなく、「いつか爆笑問題のような芸人さんに出てもらえるような日本一のライブ団体になりたい」と夢を語り合っている、単なるライブ制作集団でした）。

初めてのライブは大勢の方にお越しいただき、満席になって立ち見客も出るほどで、大成功に終わりました。

続く二回目のライブは、一回目の成功にあぐらをかいてしまって準備不足だったこともあり、客席には30人くらいしか集まりませんでした。

開演前、そのことを出演する芸人さんに謝罪したところ「俺たちはどんな小さな舞台でも、全力でやるから大丈夫」と励まされました。このとき「小さな舞台」と言われたことが、とても悔しかったんです。「もっと大きな劇場を満席にするライブをやってやる……！」と闘志が燃えました。このときの悔しさは、20年近く経った今も、ありありと思い出せます。

早く芸人さんたちに認められたいと焦って空回りしていた当時の私は、業界のルールをしっかりと把握しないまま突っ走り、今思うと失礼なことばかりしていました。**売れっ子だったアンジャッシュやスピードワゴンに、「ライブに出てほしい」といきなりお願いをしたり、しかもその人たちが一組でも来てくれたら席は埋まるからと、告知や集客活動も全然していませんでした。**

「当たって砕けろ、砕けたらまた次頑張ればいい」という気持ちでやっていた私は、吉本興業に所属する次長課長やタカアンドトシに出演を依頼しようと、ホームページに載っていた問い合わせ先にメールをしました。

本来ならば無視していいような案件なのに、吉本興業から折り返しの電話をいただき、出たら、いきなり、

「あなたのライブにうちの大切なタレントは貸せないです」

「あなたのしていることは、ライブをバカにしてます。ライブには飛び級はないんです」

「一つ一つ、できる範囲でライブを育ててください。それで、このライブ主催者には

うちのタレントを貸せると判断したら、交渉に応じます」

と、言われました。お説教をされたのではなく、私のような失礼な若者に、ライブの作り方、育て方をレクチャーしてくれたのです。

このことがきっかけで、ライブの作り方を学び、勉強し直すことができたからこそ、今のK-PROがあると思っています。

ライブだけでは食べていけずに受けていた「営業」仕事。

沢山の方に迷惑をかけつつスタートしたK-PROですが、始めた頃はライブの数も多くて月に5本いくかいかないか……。

東京のお笑いライブといえば、芸人さんの所属事務所が主催するものや、渋谷の「シアターD」、中野の「Studio twl」などお笑い系劇場での定期ライブ、コント赤信号の渡辺正行さんによる『ラ・ママ新人コント大会』や、高田文夫さんの『我らの高田〝笑〟学校』などのように、有名な芸人さんや放送作家さんが主催するものが主流でした。それらのライブにはまだ出られない若手のライブはほとんどなかったのです。なので、「若手のライブを作ろう」という思いでＫ－ＰＲＯを始めたのですが、当時は我々もまだ若かったこともあり、「芸人を使って金儲けをしようとしているのでは？」と怪しまれることもありました。

「事務所の垣根を越えて、お笑いのライブを見たいというお客様はこれからどんどん増えてくる」と信じ、事務所側に誠意を見せるためにもチケット代をなるべく低価格に設定して活動を続けましたが、それだけで食べていくことはできなかったので、当時はライブ以外のイベントの仕事を沢山やっていました。**いわゆる「営業」の仕事です。**東京はもちろん、東北を中心に地方にもかなり行き、お祭りや町おこしのイベントを制作していました。

こうしたイベントでは、運営側からいただいた予算の中から、Ｋ－ＰＲＯが芸人さんを呼んで、予算から芸人さんの出演料を差し引いた差額がＫ－ＰＲＯの収入になる……という仕組みの仕事がほとんどでした。いただける金額もまちまちで、ほとんどの場合、事務所を通すとお金が残らないどころかマイナスになってしまうので、主にフリーの芸人さんや小さい事務所の芸人さんに出演をお願いしていました。

「結婚式の二次会の司会」の仕事も、全国各地に飛んで、すごいペースでやっていました。経費を考えて新幹線ではなく、Ｋ－ＰＲＯの松本の車で行き、往復で１０００

キロを超えることもザラにありました。かもめんたるの槙尾ユウスケさんと山口県まで車で行ったときに、あまりの遠さと、眠らずに話し続ける槙尾さんに疲れ切ってしまい、それ以来、車の長距離移動は控えるようになりました（笑）。

二次会の司会の仕事を一番お願いしていたのは、スパローズと磁石でした。二組ともめちゃくちゃ盛り上げ上手で、新郎新婦の方も毎回喜んでくれていました。

磁石は三木プロダクションからホリプロコムに移る間に、半年ぐらいのフリー期間があり、その時期はしょっちゅう仕事をお願いしていました。週3〜4日は会っていたと思います。「沢山お世話になっているから、K-PROのライブはなんでも出るよ」とそのときに言っていただいたことをきっかけに、磁石には、その後沢山のライブにご出演いただくようになりました。

「お笑い体験学習」という仕事も結構やりました。「芋掘り体験」のお笑い版のようなイベントで、学生さんと漫才をしたり、ゲームをしたりして、コミュニケーションの勉強をするというものです。こちらは東京に修学旅行に来た学生さんを対象にやっていて、毎回、学生さんが宿泊するホテル近くの公民館のレクリエーションルームを押さえるところからやっていました。

学校によっては大物の芸人さんを呼びたいというところもあり、バイきんぐや小島よしおさんなどに来ていただいたこともあります。豪華ですよね。

この体験学習は、あきる野市や東村山市など都心から少し離れた場所で、午前中からやることが多かったので、芸人さんがちょくちょく遅刻してくるんです。その度に私が生徒の前に出て時間を繋ぐということもよくありました。この仕事のおかげで、人前で話す力を鍛えられた部分もあるように思います。

このようなイベントや営業の仕事を数多くこなしていた頃も、もちろんライブ制作の仕事はやっていました。ただ、半分ぐらい赤字のライブでした。赤字を埋めるために営業の仕事を頑張って入れていましたが、全く儲かってはいなかったです。

営業の仕事は打ち合わせの回数も多く、場合によっては現地に下見に行く必要もあったりして、割に合わない仕事も数多くありました。営業に行けば、芸人さんにはお金を渡すことはできますが、K‐PROとしては早くライブ制作中心に移行したかったですし、実際に**給料をしっかり払って人を雇えるようになったのは、仕事をライブ中心にして以降です。**ライブより営業の仕事のほうが絶対に儲かるというわけではない……そこだけはしっかりお伝えしておきたいです。

お笑い界に激震が走った第一期M－1の終了。

　こうして、ライブ制作の仕事をやるために営業の仕事をこなしていた2010年、私がこの業界に入って以来、一番「時代が変わるんだ」と切実に感じた事件が起きました。「第一期M－1グランプリ」が終わったのです。

「M－1が終わるらしいっすよ」との噂が流れてきたのは、2010年の夏頃でした。『エンタの神様』、『爆笑レッドカーペット』といった数々のスターを輩出していた番組もこの年の頭にレギュラー放送が終わり、すでに「お笑い氷河期突入」という言葉が、会話や雑誌などで飛び交っていた頃でした。

　M－1終了の噂を聞いて、コント師の方々は「マジか……じゃあもうM－1に合わせて、4分尺の漫才を作る意味なくなるじゃん」「じゃあ漫才じゃなくコントのほうがいいってこと?」などと深刻そうに話していましたが、漫才師の方は、「いいよもう、出たくないし」「ようやく戦わなくて済むわ……」と、毎年恒例の重圧がなくなることを喜んでいる芸人さんのほうが多かったです。

ただ、それは当時のK‐PROライブによく出てもらっていた中心メンバーの話で、それまでに何度も準決勝や敗者復活戦でその日一番の爆笑を取っても落とされてきたり、『爆笑オンエアバトル』や『笑いの金メダル』など、出演するネタ番組のほとんどで競わされてきたという「戦場から戦場への芸人人生」からようやく解放されるという安堵感があったからだと思います。彼らよりも下の世代の芸人さんは、「M‐1で勝つためにお笑い芸人になった」とか「日本一の漫才師になりたい」という考えの方が多かったので、絶望感に浸っていました。

フリーで活動していた芸人さんには、情報が降りてくるのが遅いので、M‐1が終わると知らない方も多く、「来年は三回戦まで行きたいんですよ！」と未来に希望を持ちながら話しかけられて、説明していいものかどうか悩むことも多々ありました。

人気も実力も出てきていたのに、「M‐1がないなら芸人やめます」と解散してしまったコンビもいて、M‐1終了は、お笑い界においてものすごく影響があったんです。

ご存じの通り、この翌年からM‐1に代わる大会として、芸歴無制限のTHE MANZAIが始まり、2015年にはM‐1が復活するのですが、当時は誰も知らなかったので、芸人をやめたり、プロを諦めた有望な学生芸人などが多数いました。続けていたら何かしらの賞を絶対に取っていたと思うコンビもいたので、こうして振り返っても本当にもったいないです。

FKD48の始動と東日本大震災。

M－1終了の噂が流れ始めた2010年の7月頃、「しもきた空間リバティ」（2020年に閉館）の楽屋で、磁石の永沢たかしさんが演説をするように、他の芸人さんたちに熱く語りかけていました。「なんの話？」と聞いたら、永沢さんに、「児島さん、**AKB48の芸人版を作ったら盛り上がると思わない？**　みんなピンときてないんだよ！」と、怒りながら言われました。

当時はAKB48の全盛期で、その売り出し方や、いわゆるAKB商法のすごさについて世間でも色々と語られていましたが、正直私も、まだピンときていませんでした。

それから2カ月くらい経った頃、また磁石の永沢さんが楽屋で芸人さんたちに、「今はネタ番組もどんどんなくなってきて、お笑いの需要が減ってきているし、キングオブコントで優勝しても出る番組がないんじゃないか？　**だからみんなで業界変えるぐらいのデカいことをやるしかないんだよ！**」と熱弁されているところに遭遇しました。

前回と違うのは、その話を聞いた私が、つい「やりましょう、なんでもやります！」と言ったことです。賛同する私の声を聞いた永沢さんは、「うん、やろう！　K-PROだからユニット名は児島48でいいか！　流れ星（現・流れ星☆）でしょ、アルコ&ピース、タイムマシーン3号でしょ。あと三拍子とか鬼ヶ島も。よし、本当にやろう！」と反応し、ここでようやく新プロジェクトが動き出しました。

危うく児島48になりかけたユニット名は、10年近く売れずに吹きだまっていることから、「吹きだまり48にしよう」ということで、**FKD48**に決定しました（2015年にFKDZに改名）。

誰をメンバーにするかも、永沢さんの中でしっかりとした基準がありました。まず、「ライブにしっかり出ていて、ネタが面白くて、現役で活動していること」が必須の条件で、そしてもう一つ、「単独ライブで会場を満員にできること」という条件もありました。つまり、「吹きだまり」という名前とはいえ、**「人気と実力を兼ね備えた、選ばれし集団」**を考えていたんです。永沢さんは、「ここをしっかりしていないと、ただの同世代でわちゃわちゃやりたいユニットに見られてしまう」ということを危険視していました。

そして、ついにFKD48は、**磁石、アルコ&ピース、オジンオズボーン、鬼ヶ島、**

かもめんたる、キャン×キャン、三拍子、ダーリンハニー、タイムマシーン3号、ダブルブッキング、トップリード、流れ星、ななめ45°、エﾞｴﾞ、風藤松原、マシンガンズというメンバーでスタートすることになりました。

10月には初の顔合わせが実現しました。場所は新宿の、今はもうなくなってしまった居酒屋でした。今思い出しても、あの日の決起集会のメンバーの豪華さは身震いします。本当に東京ライブシーンのスターが勢揃いしていました。最後に、磁石の永沢さんが、「今回のことは世間をビックリさせたいから、まだ絶対に内緒にしといてね！」と言って、ＦＫＤ48最初の顔合わせは終わりました。

そして次の日、永沢さんから怒りのメールが来ました。

「流れ星の瀧上（現・たきうえ）が、ブログに昨日のこと書いてる！　あれだけ止めたのに！」

今なら「瀧上さんらしい」と笑えますが、当時は血の気が引きました。

そのときの瀧上さんのブログのタイトルが『始動』で、それがＦＫＤ48の第一回本公演のタイトルになりました。

こうして芸人ユニットＦＫＤ48がスタートし、ようやく、Ｋ－ＰＲＯの出番になりました。

各事務所に「K-PROが制作に入る【芸人主導】のユニットライブを始めます」と連絡して出演交渉を始めたり、開催する劇場を探したり（一回目公演の劇場は「座・高円寺」になりました）、オープニング映像の編集を発注するなど、ライブ本番に向けて動き始めました。

メンバーが色々な事務所に所属しているので、出演交渉はかなり大変でしたが、売上金額の振り分けなど細かい部分も伝えて、なんとか全組出演OKをいただきました。開催を発表したときの反響はすごかったです。交渉を苦労したかいがありました。そして、**チケットはもちろん、発売直後に完売しました。**

さあ、あとは中身だけ。何をするかは、すでに永沢さんが決めていました。

「せっかく面白い芸人ばかり集めたんだから、めちゃめちゃ面白いユニットコントをやろう。しかも、自分たちの単独ライブかそれ以上に面白いやつを作ろう」

当時、打ち合わせのときに毎回急に飛んでくる「児島さんはどう思う？」が怖くて仕方なかったです。色々な芸人さんと何百回も打ち合わせしてきましたが、FKD48の打ち合わせが一番「頭の回転の速さ」が必要で、この打ち合わせでかなり勉強させていただきました。

いよいよ本番当日。当日券を求めるお客様が殺到して、抽選で販売することに。

メンバーは全員スーツで登場し、トークもユニットコントもクオリティが高くて、所々にサービス精神満載、さらに全てのコントが繋がっている……お客様にとっては至福の時間だったと思います。終わったあと、**私も数人のお客様から「ありがとう！最高でした！」と握手を求められました。**

本当に文句なしの第一回公演が終わり、楽屋に行くと、高揚したメンバーと、関係者がズラリ。「これは絶対、テレビ番組にできるよ」「アイドルみたいにグッズも売れるんじゃない？」と盛り上がっていました。

打ち上げも終わり、事務所に戻ったときは、自然と「ふぅー」と声が出るぐらいヘトヘトでした。松本とも「これを機にK－PROもしっかり強くしていって、ユニットの足を引っ張らないようにしよう」と話して、「さあ、これからだ」と、とにかく先しか見てませんでした。

そんな最高なライブの翌日、**目覚めるとケータイの留守電に何件もメッセージが入っていました。聞いてみると、全部仕事の話でした。**

「ニュースサイトの○○です。是非FKD48のインタビューをお願いしたいです」

「FKD48をイベントに呼ぶとしたらいくらぐらいになりますか？」

「是非FKD48の公演をDVDにさせてください！」

これはすごいことになったと思いました。

当時は有料配信のシステムもなく、開催したライブをDVD化して販売するのが主流でしたが、誰でも出せるわけではなく、DVD化できたら「一流の証」という空気がありました。結局、色々な事務所に所属する芸人さんが沢山出演していたので、権利の問題もあり、残念ながらDVD化は幻に終わってしまったのですが、「FKD48はお金を生み出すコンテンツ」と判断されたことが、とても嬉しかったです。

その後、メンバーの脱退などもあったのですが、このユニットでの活動を広げていこうと思っていた矢先、FKD48にとって最大のダメージとなる出来事が起こってしまいました。


2011年3月11日、「東日本大震災」です。


第一回公演が大反響で、余韻が冷めやらない中、「渋谷伝承ホール」で開催する予定だった第二回公演の3日前のことでした。

チケットも即日完売し、メンバー総選挙の投票も本当に沢山いただいていましたが、公演の中止を決断しました（FKD48以外の公演予定だったライブも全て、3週間ほど中止にしました）。

中止となっても、会場費は全額支払わないといけませんでした。その後のコロナ禍のときのように支援金も出なかったので、全て自己負担です。規約に書いてあったので仕方ないですが、当時のK－PROは今と違って完全に自転車操業だったので、ダメージはかなり深刻でした。収入がゼロ、場合によってはマイナスになることが何よりも一番厳しかったのです。

ＦＫＤ48はメンバーの人数も多く、スケジュール調整もかなり難しいので、振替公演をするとしても、出演者の変更の可能性も考えなければいけません。そのため、チケットの払い戻しの対応も必要になり、その分の手数料のマイナスも出てしまいます。**とんでもない負債を抱えて追い詰められてしまいました。**

余震の恐怖や、節電のため派手な照明が使えないなどはありましたが、K－PROも震災から3週間後にはライブを再開しました。

世の中が次第に落ち着いてきて、ＦＫＤ48の第二回の延期公演の劇場は、当初開催予定だった３４５人キャパの渋谷「伝承ホール」ではなく、約５００人キャパの「なかのZERO小ホール」に変更しました。「ピンチをチャンスに」ではないですが、「もともと即完イベントで、ライブを見られないお客様が多数いたので、それならば会場を大きくして、売り上げを損害の補塡に回したい」と考えたのです。

そんなこんなで、5月20日に、当初の予定より2カ月遅れで、『ＦＫＤ48 2nd LIVE ～躍動～総選挙&春の新ネタ祭り』をなんとか開催することができました。新ネタライブも、総選挙も盛り上がり、まだまだＦＫＤ48は若手お笑い界の注目の的として存在していました。さらにすごいことに、ライブを見に来ていたテレビ関係者の方が楽屋に来て、「ＦＫＤ48を、テレビで取り上げたいんだけど、Ｋ－ＰＲＯさんも協力してもらえませんか？」と言われました。なんと、**ユニットライブ二回目にして、テレビ番組のオファーが来たんです。**磁石の永沢さんが結成時に言っていた、「俺たちで時代を作るんだ」という言葉が、実現しようとしていると感じました。

ユーチューバーという職業もまだなかった時代に、お笑い界の常識だった、「事務所が仕事を取ってくるのを待つ」のではなく、自分たちで動いて、仕事を取ってくることができると証明できた瞬間でした。

第一期Ｍ－１が終わって、お笑い氷河期時代と言われた２０１０～11年は、今振り返ると、芸人さんもスタッフも全員が「お笑い」を続けていくためには、現状をどう変えればいいか考えて必死に動き出していました。

Ｋ－ＰＲＯがそれまでやっていた営業の仕事をやめて、ライブ制作中心に移行していったのも、２０１１年の東日本大震災がきっかけでした。

当時請け負っていたお祭りなどのイベントの8割が東北で行われていたので、震災の影響を多大に受けて、決まっていた営業の仕事がほとんどなくなってしまったのです。津波被害で、「お笑い体験学習」をやることになっていた学校自体がなくなってしまったという連絡を受けたときは、かなりショックでした。

また、「お笑いライブどころではない」という空気もあり、ライブの中止も相次ぎました。我々もそうですが、芸人さんのほうも、舞台がないと生活が成り立たなくなってしまうので、

「生きていくためにも、今後は自分たちで仕事を作っていかないとダメだ。どんな状況下でも芸人さんに出ていただける場所を作るため、ライブ運営だけで生活していこう」

と、覚悟を決めました。

以降、K－PROは、呼んでもらってギャランティをいただく営業の仕事よりも、自分たちで制作をするライブの仕事を一気に増やす方向にシフトチェンジしていきました。

震災直後は、お客様も減っていた時期なので、今思うと「かなり思い切った決断をしたな」と思いますが、その頃の判断のおかげで今のK－PROがあります。

その結果、徐々に芸人さんや事務所の方からの信頼を得ることができて、K-PROが主催するライブの本数はどんどん増えていきました。2015年には500本、そして2019年には1000本以上のライブを制作しました。

新型コロナに負けず、劇場「西新宿ナルゲキ」オープン!

2016年には、株式会社化し、ライブ制作集団から会社組織となり、2018年には所属芸人を抱えて、本格的に芸能プロダクションとしての活動も始めました。

「お笑い第七世代」のブームも起き、K-PROも順調に活動を拡大していきましたが、2020年1月、新型コロナウイルスの感染者が国内で初めて確認され、**4月には緊急事態宣言が発令されて、ライブ業界は大打撃を受けました。**

K-PROも、予定していたライブを中止にする状況が3カ月以上も続き、赤字は1000万円を超え、売り上げで言えば4000万円を失いました。

そんな中、すぐに動いてくれたのが、FKD48の発起人でもあった、磁石の永沢さんです。

「K‐PROの支援金を募る窓口を勝手にやっていいですか?」と連絡をくれ、noteでK‐PROへの支援を呼びかけてくれて、沢山の支援金をいただきました。本当にありがたかったです。他にも、数え切れないほどの芸人さんやお笑いの関係者の皆様から、「何かお役に立てることがあれば」と声をかけていただきました。感謝しかありません。

K‐PROスタッフの富澤琢海も、すぐに**「オンライン配信をやりましょう」**と提案してくれて、機材を揃えて実行してくれました。そのおかげで、K‐PROは早い段階から配信によるライブを開催することができ、仕事を失っていた芸人さんたちにも喜ばれました。

ライブが再開したあとも、客席の間隔を空ける必要がありましたが、オンラインのチケットを販売することで、補塡することができました。

それまでは、「劇場で体験する面白さは画面越しだと伝わらないのでは?」と思っていましたし、芸人さん側も、賞レースを意識して「オンラインではネタを配信しません」という傾向がありましたが、最近はYouTubeでネタを公開する芸人さんも増えましたし、考え方が変わってきたように感じます。

オンライン配信は、東京までライブを見に来ることができない地方のファンの方にも喜ばれ、コロナが落ち着いてきてからもすっかり定着しました。

2020年6月には、有料のオンラインサロンも始め、毎日ブログを書く生活になりました。この本の原稿も、このブログをもとにしています。会員のみが見られる動画も配信し、サロンの会員数も、ありがたいことに着実に伸びてきています。

こうして、配信に力を入れるようになって気づいたのは、「ライブの度に配信の機材を持って劇場に行き、毎回セッティングをするのは結構大変」ということでした。

「いっそのこと、自分たちの劇場を持てばいいのでは……？」

「今こそ、『吉本じゃないから舞台で食べていけない』というシステムを変えられるチャンスなのでは？」

「今動かないと、K-PROがお世話になってきた世代の芸人さんや所属芸人たちを救えない！」

そう思い立ち、最初はゼロから劇場を作るつもりで、不動産屋さんで働いているK-PRO所属芸人の橋口（隆史《たかし》）くんにお願いして、空き物件情報を探し始めましたが、「莫大なお金がかかるなあ」と悩んでいました。

そんなとき、古くから知り合いだった「関交協・ハーモニックホール」の管理人さんから、「だったらうちでやりませんか？」というお話をいただき、**「ハーモニック**

ホール」をK‐PROの劇場として、年間契約で借りられることになったのです。

管理人さんが内装や壁もK‐PRO仕様に変えてくださって、**2021年4月、キャパ150人のK‐PROの劇場「西新宿ナルゲキ」がオープンしました。**

「ナルゲキ」という名前の由来を説明しますと、「ナル」は「鳴」と「成」の漢字を表しています。お借りしているもともとの劇場の名前「西新宿ハーモニックホール」は、「音楽が鳴り響く劇場」という意味ですし、「笑いが鳴り響く劇場」にしたいという意味で「鳴→ナル」です。

そしてもう一つの「成」の字のほうは、「成功」「成長」「達成」など、すごく前向きで、よいことを表すときに使われる漢字です。私の一番好きな漢字は、昔から「成」なのです。この劇場を、若手芸人が日々切磋《せっさ》琢磨《たくま》し、「成り上がる場所」にしたいという意味も込めています。

さらに、もう一つ、この劇場の近くの神社の名前が、成子《なるこ》坂《ざか》下にある「成子天神社」ということで、「成子」の「成」という意味も含んでいます。「成子坂」という地名は、私が一番尊敬している芸人・村田渚さんのコンビ名、「フォークダンスDE成子坂」にも入っています。

「笑いが鳴り響く劇場」

「若手芸人がスターに成り上がる場所」
「成子坂近くにある劇場」

名づけた自分がビックリするぐらい、本当に運命かと思うぐらい全ての理由がリンクした名前になったと思います。

これまでに、ライブの制作を生業としてきた人は沢山おられると思いますが、劇場の運営まで手がけた例は珍しいのではないでしょうか。

劇場を作ったからには、

「非吉本のプロダクションにとって、今までなかった場所にしたい」
「全世代の全ての芸人さんのホームグラウンドとして、一大ムーブメントを巻き起こしたい」

「西新宿ナルゲキ」の外観。劇場は地下にある

と考えて、日々頑張っています。

三四郎が2013年に『ゴッドタン』に出演して跳ねて、テレビに引っ張りだこになった頃、それでも「自分たちは漫才師だから」と、忙しい合間を縫って、K－PROのライブに出続けてくれていました。

そんな折、三四郎の小宮（浩信《ひろのぶ》）くんと楽屋の外の廊下で長い時間話をする機会があり、「テレビはプレッシャーがすごいんですよ。毎回慣れないし毎回息苦しいんです……」と言っていました。そのときに、「辛かったらいつでもライブに戻ってくればいいじゃん。小宮くんが出てもおかしくないライブを作って待ってるから」と言ったら、嬉しそうに「すごく気が楽になりました。ありがとうございます！」と喜んでくれたんです。

その後の三四郎の活躍は皆様ご存じの通りなんですが、そのときの約束は私の中でずっと責任として残っていて、「ナルゲキ」をオープンした際に、ようやく**「小宮くんとの約束を守れるぞ。そういうライブを作っていく場所ができたぞ」**と思いました。

三四郎の活躍ぶりと比べたらかなり遅れましたが、劇場を作ったことで、ようやく近づくことができました。

劇場を持つという夢が叶った今、次の目標は**「ナルゲキ」をお笑い界の中心にすること**です。現在、平日には、基本午後・夕方・夜と一日に三回公演し、土日には昼の寄席も始めて、年間約700本ほどのライブを開催し、会社帰りの社会人から、学生、家族連れなど、沢山のお客様にお越しいただいています。

ふかふかの座席が並ぶ「西新宿ナルゲキ」

とはいえ、全てのライブを満員にするのは、現実問題として不可能です。定期的に沢山の方に来ていただける魅力的なライブを打たないと、赤字続きになり運営が止まってしまいます。計算してみると、**「ナルゲキ」を続けていくには月に20〜30本のライブを満席にする必要があります。**もちろん超満員ライブを月に20本やれたからといって、他の日はお客様ゼロでもいいかというとそんなわけはありません。

長期間でお客様を呼べるように若手を育てていき、一席ずつでもチケットが売れるようにしていくことが大切になります。

所属の芸人たちを育てていきつつ、今すぐの利益を得るために、自社のイベントを打つだけではなく、劇場を貸してレンタル料をいただくというビジネスも始めています。「ナルゲキ」の場合、会場に慣れているK－PROのスタッフをつけることも可能ですし、映画館のようにふかふかの座席が固定であるので、パイプ椅子を並べたりといった準備も必要ありません。せっかく作った劇場なので、うまく使って利益を出していきたいです。

また、K－PROは、「ナルゲキ」だけでなく、他の劇場でも、年間200本ほどライブを制作しています。劇場を持って以降、かえって「外に飛び出したい」という気持ちが芽生え、最近は名古屋を中心に地方遠征の機会も増えました。

2021年には、株式会社K－PROに名称変更し、電子チケット販売サービス「TIGET（チゲット）」でお世話になっていた株式会社grabss（グラブス）と資本業務提携を結ぶことになり、今まで以上にチャレンジングな企画ができるようになりました。

ベストを更新し続ける看板ライブ『行列の先頭』。

ライブを開催する毎に「ベストを更新しているとお客様に思わせ続けること」ができるかどうかが、よい主催者の基準になりますが、ビッグな芸人さんに多数出演いただいているK－PRO最大の看板ライブ『行列の先頭』の歴史はまさにそれで、毎回ベストを更新することを考えてやってきました。

『行列の先頭』というライブタイトルは、私がお笑いファン時代に一番好きだったテレビ番組『ボキャブラ天国』の主題歌を歌っていた「THE GROOVERS（ザ・グルーヴァーズ）」というバンドの曲名からつけました。

2004年に開催した一回目の『行列の先頭』は、自分たちが主催するライブに出てくれる芸人さんたちで、すごいバトルライブをやりたいなと思ってスタートしました。当時のメンバーは、今なら間違いなく「地下芸人」と呼ばれているであろう方々ばかりでした。それよりも上の芸人さんは、事務所が囲ってしまっていて、うちみたいな得体の知れない集団が主催するライブには、出ていただけるわけがなかったんです。

でも、お馴染みのメンバーだけだとスペシャル感がないと思い、「地下」ではない、「表側」のトップの若手に出てもらいたいと、スタッフ見習い時代に培った人脈を駆使して、なんとかサンミュージックの三拍子と、太田プロダクションのブラックパイナーSOSに出ていただきました。これは当時の私からしたら、とんでもないチャレンジでした。

結果、バトルライブの優勝は三拍子でした。

このときにチャレンジに失敗して、三拍子に出てもらっていなかったら、恐らく表側を見ずに、今でも小さな劇場で仲のいい芸人さんたちとのライブを、バイトしながら続けていたのではないかと思います。

2008年の『行列の先頭10』は「北沢タウンホール」での開催にチャレンジしました。ここで、**それまでのキャパ100人の劇場から、キャパ約300人の劇場に進出し、お客様の数が一気に3倍になりました。**当時、事務所系列のライブや単独ライブ以外で、このキャパでライブをやる団体はほとんどいませんでした。なので、チケットを売るため、そして今まで以上のスペシャル感を演出するために、当時のベストメンバーに加えて、スピードワゴンや東京03、エレキコミックなどのビッグネームに出演オファーをしました。

これも、思い出深いチャレンジで、今思い返してもハラハラドキドキします。このメンバーに出ていただけたのは、まず「会場がスペシャルライブとして芸人さんたちの価値を下げない『北沢タウンホール』だから」ということ、そして、「いつも若手が沢山出ているK‐PROのスペシャルライブなら……」という所属事務所のマネージャーさんの気遣いがあったからだと思います。

このタイミングで、この規模のライブをやれたという実績が、今のK‐PROの根幹になってますし、このチャレンジができたから、今も無茶な挑戦を続けられていると思っています。

その後も『行列の先頭』は、「なかのZERO大ホール」「東京グローブ座」「赤坂BLITZ」など錚々《そうそう》たる会場で、ベストを更新しながら開催し続けました。

「LINE CUBE SHIBUYA」で開催された『行列の先頭44』

爆笑問題も初登場！『行列の先頭 46』

ところが、２０２０年に開催予定だった約２０００席の「LINE CUBE SHIBUYA（渋谷公会堂）」での『行列の先頭』は、コロナのせいで全ての計画が丸々飛んでしまい、残ったのは、大チャレンジのリスクの部分である会場キャンセル費や準備にかかった費用……。何度も桁を間違えていないかと確認するほど、信じられない金額の負債が襲いかかってきました。

このときは「うちもここまでの運命だったのかな」と、本当に思いました。「もうチャレンジは控えろという、神様からの啓示なんじゃないか」と落ち込みましたが、キャパ１５００席以上の「東京国際フォーラム」での開催を挟み、２０２２年に再び、「LINE CUBE SHIBUYA（渋谷公会堂）」にチャレンジすることができました。

２０２３年5月18日には、K－PRO史上最大のキャパ約２５００人の「TOKYO

DOME CITY HALL」にて『行列の先頭46』を開催、スペシャルゲストとして、ちょうど19年前のK-PRO旗揚げのときから目標だった爆笑問題にも初めて出演していただき、満員御礼となり、配信チケットの売り上げも歴代一位を記録し、大成功を収めました。

お笑いのライブは安さが売りなところもあるので、普段の「ナルゲキ」のチケット代を高額にして損失を補填するわけにはいきません。なので、コロナ禍の赤字を取り戻すためにも、こうした大きな会場の公演を増やしていけたらと思っています。

K-PRO芸人が『アメトーーク!』で特集され、賞レースで大活躍。

2022年4月には、『**アメトーーク!』で「ココで育ちました　K-PROライブ芸人」が放送されるというK-PRO史上最もすごい事件も起きました。**

あの『アメトーーク!』がK-PRO芸人という括りで放送をするなんて、私自身全く想像していませんでした。ライブの企画やトークコーナーで、ふざけてやっていたことが、実現するとは……!　続けていると、こんなことが起きるんだなあと感激しました。

このときK－PROライブ芸人として収録に参加してくれたのは、**アルコ&ピース、三四郎、モグライダー、ウエストランド、ランジャタイで、MCの蛍原（徹）さんの横にスピードワゴン小沢（一敬《かずひろ》）さん、アンガールズ田中（卓志《たくし》）さんというメンバーでした。**

それまでにも『セブンルール』に密着取材をしていただいたり、『ゴッドタン』の「この若手知ってんのか」企画の解説役で出演させていただいたりなどテレビに出る機会は何度かありましたが、『アメトーーク！』の反響はそれまで以上にすごかったです。「ナルゲキ」の入り口の掲示板に「『アメトーーク！』に出ました！　ここがナルゲキです」というポップを貼っていたのですが、立ち止まってくれる人も沢山いて、放送直後のゴールデンウィークは連日満員となりました。

その後、『アメトーーク！』の動画配信サービス『アメトーークCLUB』のほうでも、今の「ナルゲキ」を最前線で支えてくれている、**ストレッチーズ、ママタルト、サツマカワRPG、まんじゅう大帝国、パンプキンポテトフライ**という若手メンバーがひな壇に並ぶ「K－PROライブ芸人」も配信オンリーですが、公開されました。

K－PROライブ出演芸人は、アルコ&ピース、ザ・ギース、ハナコ、ゾフィー、ザ・マミィなどなど、キングオブコントの決勝にも毎年出場しているので、私も音響・照明のオペレーターとして10年以上参加しています。

ここ数年はM－1でも、K－PROのライブに出てくださっている吉本興業所属ではない芸人さんたちの目覚ましい活躍が話題になっています。

2020年のM－1では、錦鯉、ウエストランド、東京ホテイソンの3組が決勝に行ったことで、K－PROのライブの楽屋が大フィーバーになりました。

2021年のM－1では、ランジャタイやモグライダーが決勝に進出して爪痕を残し、錦鯉が優勝。

そして、2022年のM－1では、「ナルゲキ」の楽屋番長、井口（浩之）くんのコンビ、ウエストランドが優勝しました。

三四郎がテレビでブレイクしたときに、忙しい中K－PROライブによく出てくれていたのと同様、ウエストランドもM－1決勝に進出した2020年頃から井口くんがテレビに呼ばれるようになって多忙になりましたが、「テレビがあっても舞台に出られます。ライブ出たいです！」と、収録の合間を縫って、劇場にもよく出てくれていました。

三四郎もそうでしたが、テレビでつけたファンを劇場に連れてきてくれるので、本当にありがたかったです。そんなウエストランドのM‐1優勝は、ものすごく嬉しくて、喜びを分かち合おうと、M‐1の終了後にオンラインサロンで生配信を行った際、不覚にも泣いてしまいました。

井口くんは、前々からずっと、

「売れたあとこそ、舞台にもっと出ないとダメ！」

「劇場は、若手だけの修業の場じゃなく、みんなが知ってる全国の人気者が出て、その芸人目当てで若手に詳しくない人がライブに来て、みんな面白いな〜、また行こうってなるのが理想的」

「なんで忙しくてもライブに出てる僕らより、忙しい振りして出ないやつらのが人気あるんだよ！」

「売れてもライブに出るのが一番格好いいだろ！　なんで自分はモテないんだ」

などと、ライブ主催者側の代弁者かというぐらい、劇場に出ることの大切さをいろんなところで語ってくれていて、ここ数年のK‐PROライブは、ウエストランドを中心に回っていました。

そんなウエストランドの活躍のおかげで、私のほうにも「ウエストランドさんが、『ナルゲキにはまだまだ面白い若手がいる』と言っていましたが、どんな芸人さんに今注目されてますか?」という質問を多くいただくようになりました。

こんなありがたいアシストはないと思います。

そして、2023年に開催された結成16年以上の漫才師による大会、**THE SECOND ～漫才トーナメント～では、K-PROライブ芸人でもあるマシンガンズ、スピードワゴン、三四郎がグランプリファイナルに進出。**「スピードワゴン対三四郎」「マシンガンズ対三四郎」の対戦は、全組に思い入れがあって、どんな気持ちでこの大会にエントリーしたかも聞いていたので、ずっとハラハラしながら見ていました。

関西で活躍する吉本興業のギャロップが優勝し、マシンガンズが準優勝という結果となりましたが、ベテラン勢の熱いバトルはどの組もすごかったですし、M-1の出場資格である結成15年を越えてしまった芸人さんたちが燃えることのできる夢のある大会なので、今後もぜひ、毎年続いていってほしいです。

こうした芸人さんたちに負けないように、今後もK-PROは「怖いもの知らず」と言われるようなチャレンジをどんどんしていきます。

大きな目標に向かって活動をさせていただけることに感謝したいですし、これまでの自分たちの努力もしっかり認めてあげたいです。

そしてチャレンジするからには、絶対に成功させてみせます。

K-PRO代表・児島気奈、ある日のスケジュール

6:00	一旦起きてサロン用のブログを書いたり、スマホのメモ帳をまとめる。終わり次第布団に戻りウトウト。
8:30	起床。朝の支度。
10:00	事務所へ出勤、メールのチェック、機材を持って劇場に移動。
11:00	劇場入り。楽屋準備、配信準備。
12:00	配信チェック、スタッフと一日の確認、SNSで昼のライブを告知。
13:00	一公演目開演（この時間にメールの返信などの作業をすることも）。
14:30	終演、終演後は交代でスタッフ休憩。
15:30	二公演目開演（楽屋で出番待ちの芸人さんと話をしたり、SNS用の写真を撮ったり）。
17:10	終演後、近所で夕食。
18:30	三公演目開演。
19:30	夜の配信ライブのため、先に事務所に戻り、配信準備。
20:00	翌日のライブ準備、打ち合わせなど。
20:20	配信出演者Zoom入り。配信ライブ打ち合わせ。
21:00	配信スタート。劇場ライブ三公演目終演。
22:00	劇場スタッフ事務所到着、報告を聞く。
22:30	配信終了。終わってから10分ほど反省会。
23:00	明日の準備完了、軽く食事して帰宅。
24:00	テレビを見ながら寝落ち（夜中3:00に起きて少し作業して就寝）。

第2章

K－PRO流
笑って稼ぐ仕事術
ビジネス編

ファンをつけて商品を売るには？

お笑いライブを作るときに、一番大事なのはもちろん**「より多くのお客様に足を運んでもらうこと」**です。「K‐PROはどうしてこんなに集客力があるの？」という声をいただくことが多いので、まずは「ファンの作り方」について書いていこうと思います。

ここでの「ファン」は、「ライブに頻繁に通っていただけるお客様」のことです。飲食店や企業などにも置き換えられる話だと思います。

新たなファンを作るということは、全く興味がなかった、関係なかった人をファンにするということで、それは何よりも難しいことです。

ファンの作り方に関しては、ビジネス書などを読むと「潜在層から見込顧客を〜」みたいな話がマーケティングの基本として出てきます。ざっくり簡単に説明すると、

潜在層↓なんとなく商品のことを知っている人

見込顧客↓その商品のことを知っているけど、買うか迷っている人

ということです。つまり、潜在層の人に商品のよさを教えたら「見込顧客」になり、見込顧客の人の背中を押してあげたら商品を購入、つまり「新規ファン」となります。

わかりやすくK－PROで考えてみたいと思います。

まず、M－1グランプリやキングオブコントを見て、「お笑いって面白いなー、お笑いライブ見に行ってみようかなー」と思った人は、最初どこに行くと思いますか？

あ、ちなみに、吉本興業以外の事務所の芸人さんを好きになった場合……としますね。

住んでいる場所にもよると思いますが、初めての方の場合、多分、地元の大きい区民ホールのような場所でやっている「会館ライブ」か、もしくはそれぞれの芸人さんが所属する「事務所ライブ」だと思います。

①テレビで知る→②どんなライブに出ているかスマホで調べる→③事務所のホームページにたどり着くという流れですね。この②の時点でK－PROを知ってくれる方もいます。それはすごくラッキーなことです。恐らくK－PROにたどり着くのは、ほとんどの方がもう少しあとで、**④事務所ライブに通い続けていたら、最初のお目当て以外に好きな若手芸人ができる→⑤他のライブにも行ってみようと思う→⑥K－PROを知る**……と、こんな流れじゃないでしょうか。

今まではもう少し経由地がありましたが、今はここあたりでK－PROを発見していただけると思います。この時点で結構お笑いに詳しくなっていると思うので、うちのライブに来る方は、ライブの楽しみ方を知っているお客様が多いです。

……と、これが従来のファンのつけ方の主な流れでした。２０１９年まではギリギリこれでやれたと思います。それまではこの流れで、Ｋ－ＰＲＯにたどり着いてくれたお客様を如何に離さないようにするかを考えてやっていました。

でも、**最近の10～20代はテレビを見ません。**私は結構テレビを見るほうなので、最初は「若者はテレビを見ない」という事実を信じられないというよりは信じたくなかったですが、今のテレビ離れは深刻です。この状況だと、先ほど書いた「①テレビで知る」がないため、「潜在層」がいなくなってしまいました。新規ファンはこの流れではこないことになります。ただでさえＫ－ＰＲＯを知っていただくには、⑥までかかるのに……。

前置きが長くなりましたが、ここからが本題です。

まず、待っていてもこないのであれば、自分たちで「潜在層」を作らなければなりません。そのために**「知らない人に興味を持ってもらう」には何をすればいいか**を考えます。

ライブに限らず、**印象操作で一番効果があって、できるだけ多用したいのが、「流《は》**

行《や》ってる感じを出す」ことです。

たとえば「行列」ですね。**お店の前に人が並んでいて「なんだろうこの行列は?」と思ったことは誰しもがある**と思います。人は流行っているものを見ると興味を持ちます。流行っているものは人を惹きつけます。

「今大注目の〇〇を知っていますか⁉」「女子高生に大人気の〇〇、知らないとヤバい!」みたいなフレーズを使って、「流行ってる」「知らなきゃ損」と言われたら、話題に乗り遅れたくないという心理が働いて、どんなものかと調べたくなります。

そして、何かのきっかけでまたその〇〇についての話を耳にしたら、「あーやっぱり流行ってるんだ。覚えておいてよかった」となり、段々と気になる存在になっていきます。

同じものを三回聞いたら「流行」、四回聞いたら「社会現象」と言われているぐらいで、まずは**同じ人に二回届けられるようにしよう**と、みんなが試行錯誤しています。

ただ気をつけなければいけないのは、**流行っているように見せるだけでは、今の時代、すぐにバレてしまう**ということです。どんなに広告代理店が力を注いでも、「本物」かどうかは、調べればすぐにバレます。ではどうすればいいかというと、**そこに必ず、「実績」を重ねる必要があります。**

ライブでの実績と言えば「お客様の動員数」だと思います。たとえば「新ユニットライブ」をやるとなった場合に、毎日のように告知をしたり、SNSで他の芸人さんが「あのユニット入りたいな」と言ったり、「お笑いナタリー」に取り上げてもらったりしたら、「流行ってる感」は出せますよね。

そこに実績を作るために、とにかくなんとしてでもそのライブを満員にします。すると、「満員だったんだ。じゃあ本当に人気があるんだ」となり、「次回は行こうかな」という流れが作れます。一度実績を作ることができたら、めちゃくちゃ強いです。

そして「年中満員のライブ」と評判になったら、「行ってみたい」と興味を持つ人がどんどん増えていきます。「K-PROのライブは、いつも超満員」というイメージを持っていただくことが多いのですが、実は満員じゃないライブも沢山あるんです。じゃあなぜ毎回満員と思われるのか？　その答えは、**絶対落とせないライブを見極めて、埋めなきゃいけないライブはなんとしても満員にしている**からです。

ここだけの話ですが、**落とせないライブをしっかり満員にしたときだけ、私はSNSで「満員御礼」と書いています。大成功したことを広めて、「次は参加したい」と思わせる、私の得意技の一つです。**

満員や完売のインパクトを利用して、流行っている感を出し続けることはかなりの武器だと思います。

何か一つ「流行りを証明できるもの」があれば、かなりの効果を発揮します。「あの人気は本物だったんだ」と思わせることができたら、成功です。

他に、**誰でもすぐにチャレンジできることもありまして、それは「自信を持つこと」です。**

ここにきて精神論です。でもやはり、自信を持って宣伝することは立派な技術だと思います。**自信や信念を持っているところには、人は必ず集まります。自分の商品には、誰よりも自分が愛情を持って、その気持ちを伝えていけば、必ず売れます。**

「あそこのライブは毎回評判がいいし、主催者の気合いが伝わるから、今度友達連れてこようかな？」と思わせられたら最高です。

満員戦略と自信を持つこと、さらにそのコンボさえ決まれば、話題になりやすいと思います。そして、この技を使えば「人気を出したい芸人（商品）にファンをつける」こともある程度は可能になります。

……と、偉そうに書いてきましたが、山程失敗してきたからこそわかったことなので、何卒ご勘弁ください。

「即完幻想」に惑わされず、欲しい人に行き届くことを目指そう。

皆さんは次のうちどっちがすごいと思いますか？

①「単独ライブ今日発売開始でしたが、なんと即完しました！」

②「単独ライブ発売開始しました！　チケットまだまだございます！　絶対面白くします！　お願いです、来てー！」

よくSNSで流れてくる文ですね。これだけだと、恐らく全員①のほうがすごいと思ったはずです。では、もう一つここに言葉をつけ加えてみたいと思います。

①「A劇場（100席）での単独ライブ今日発売開始でしたが、なんと即完しました！」

②「Bホール（250席）での単独ライブ発売開始しました！　チケットまだまだございます！　絶対面白くします！　お願いです、来てー！」

さあこれならどうでしょうか？　正直、これでも①のほうがすごいと思ったのではないでしょうか。「A劇場とはいえ即完はすごい」「買えなかった人もいるからもっと大きな劇場でも埋まるんじゃないか？」ということを考えた人も多いのではないかと思います。

実は、これは実際にあった話で、Ｂホールでやるほうの芸人さんから、「俺らのほうがチケットも売っているし、はるかにすごいチャレンジをしてるのに、なんでＡ劇場でやるほうが讃えられているのか？　悔しいですよ……」との愚痴を聞いたことがありました。

これが、「即完幻想」です。「即完」だけでなく、先ほど「満員戦略」の話を書きましたが、「満員」「売り切れ」なども同様で、言葉だけを見て「すごい」と判断する方が本当に多いです。

お笑いライブに限らず、この「即完幻想」を逆に利用したビジネスのやり方が、**いわゆる「品薄商法」で、意図的に商品の個数を抑えて、購買意欲を煽って、販売数を増やすというやり方**です。

私は**この手法には疑問を持っていて、ライブでもゲームでもなんでも、「見たい方、欲しい方にしっかり行き届くこと」が理想的だと思っています。**

なのでＫ‐ＰＲＯのライブは、キャパやチケット料金、出演メンバーの並びを考慮して、**即完はしないように、それでいて最終的には満員になるように設計しています**

（コロナ禍は別です）。

意外に思われるかもしれませんが、K－PROのライブは、即日完売したことがあまりないです。もちろん即完は主催者としては目指さなければいけないことですが、即完確定を想定のもとに告知するのは、私は違和感を覚えてしまいます。

たとえばEXITが、芸歴2年目の2019年に「パシフィコ横浜」で単独ライブをやって即完させていましたが、伺った話だと吉本興業の関係者の方も想定外だったそうで、そういう**「チャレンジした上での即完」はすごく格好いいと思います。**ただ、はなから即完がわかっているキャパでやるのは、私は、格好いいとは思いたくないんです。

なぜなら**即完はありがたいことですが、「反省すべきこと」だとも思うからです。**見たい人に届けられないというのは、絶対によくないことだと思います。配信のチケットも販売されるライブであればまだ救われますが、やはり「生の臨場感」に勝てるものはないですよね。

人気が高くてチケットが取れないコンビの場合、ネタの面白さを全体に行き渡らせるために劇場のキャパにこだわりがあるのもわかるのですが、たとえば最終公演や追加公演だけでも、どでかいホールでやっていただくこととかできないだろうかなどと願っています。

商品でもなんでも、欲しい人のもとにはなるだけ届くような努力を、企業側はするべきではないのかな、と思います。

「惰性で続ける」とマンネリになる。「意識して続ける」と伝統になる。

マンネリは、K‐PROのようなイベント業にとってはかなり気をつけなくてはいけないことです。**マンネリの怖いところは「伝染するところ」**だと私は思います。

たとえば視聴率が高い故に同じ構成を続けているテレビのバラエティ番組について、誰かが「マンネリだ」と言い出したら、それを見たり聞いたりした人の頭の中に、「そう言われてみたらマンネリかも……」という感情が生まれてしまうのです。

その時点ではちょっとした共感ぐらいですが、一度そう思った状態で番組を見たときに、少しでもマンネリを感じたら、途端に「つまらないかも」とか、「もう見なくていいかな」と思ったりすることがあります。そうやって「マンネリだ」という噂が猛スピードで広がっていき、あっという間に終わってしまう番組が結構あります。

要は、誰か一人にでもマンネリだと思い込まれたら終わりなので、**マンネリだと思われる前に、誰よりも先に自ら手を打たなければダメです。**勇気を出して、如何に先に動けるかが勝負です。

たとえば、K-PROには『若武者』というライブがあります。

若手のバトルライブで、毎回すごく盛り上がるライブなんですが、このライブは、どれだけ盛り上がっていても、定期的にレギュラーメンバーを卒業させています。理由はもちろん、マンネリを防ぐためにです。このライブはシステム的には2009年に始めたときから一切変えていないので、レギュラーメンバーの卒業によって、新鮮さを出しています。

毎回卒業発表に関しては、先手を打っているつもりです。「卒業か。そりゃそうだよなあ」という意見よりも「え？　もう少しこのメンバーで見たかったなあ」という意見のほうが多いと思います。このライブは卒業の時期を間違えたら、半年〜1年単位で続けなければならないので、タイミングを間違えないようにと毎回ハラハラします。

そんなマンネリなんですが、ときには武器にもなります。

たとえば、この『若武者』ライブの一番の見どころは結果発表です。1位から順番に呼ばれて舞台に出ていき、下位になったらエンディングで舞台に出られない&次回の『若武者』に出演禁止という厳しいシステムで、先ほど書いたように、開始当時から変えていません。ずっと同じということは、それだけ長い歴史があるんですね。

同じシステムで、同じ曲で、同じ緊張感で、過去には三四郎やハナコがしのぎを削ってきました。そのことを今出ている若手に話したり当時の映像を見せたりすると、「出る意義のあるライブ」だとか、「いつかあの位置に行くための登竜門なんだ」と気合いを入れてくれます。今では芸歴1~2年目の若手に「一番出たいK-PROライブは?」と聞いたら、間違いなく『若武者』が1位になると思います。

14年間マンネリに気をつけながら続けていたら、いつの間にか「マンネリから伝統」に変わりました。こうなると、無敵の武器としてすごい効果を生み出せるようになります。**同じことを「惰性で続ける」とマンネリにはなるけど、「意識して続ける」と伝統になるんです。**

マンネリに気づくための対策は人それぞれ違うと思いますが、**私がやっているのは、「そのライブを一旦やめようかなと考えてみる」ことです。その想像をしたときに、少しでも「マンネリかも」と頭に浮かんだら、次にいつまで通用するかを考えて**

みます。その時期が多分変えるリミットだと思います。

また、**マンネリだと思っていても続けたいものに関しては、「本当に一度やめてみる」のもいいかもしれません。**マクドナルドのチキンタツタ戦法ですね。チキンタツタは、以前はビッグマックやフィレオフィッシュなどと同じレギュラーメニューで、その中で人気が低めのバーガーでした。鳥インフルエンザの影響などもあり、一旦販売を休止して、期間限定販売にして再発売したら飛ぶように売れ始めました。もともといつでも食べられると思っていた商品がいつの日からかなくなった……というフリが効いていることで、復活させる度に売れるお化けメニューになったそうです。

マンネリは、発想を変えれば「浸透している」ということなので、それをうまくイジってあげれば、めちゃめちゃ跳ねます。マンネリと伝統は紙一重、戦略を持って早めに対処したり、やり続けたりすれば、マイナスをプラスに変えることもできます。

是非身近なものから試してみてください！

倒したい相手がいたら、まず懐に入り込んで、徹底的に研究しよう。

先ほどマンネリの話でご紹介した『若武者』ライブのバトルルールには、実はもととなる、「モデルとなったライブ」があるんです。

それは、今から17年前、大阪の「baseよしもと」（２０１０年に閉館）で開催していた、『サライヴWAR』というバトルライブです。１位から順に発表していくシステムが画期的で、「いつかK‐PROでもこのルールを採用したい！」とずっと思っていて、このライブが終了した2年後に、「もう『サライヴ』も存在しないし、東京だし大丈夫なはず……」と、『若武者』を立ち上げたので、本当に確信犯的に真似をさせていただきました（笑）。「下位のコンビはエンディングに出られずに、次回出演禁止」のルールはK‐PROオリジナルのはずなので、案を混ぜたからギリギリセーフだと言い聞かせています。

「baseよしもと」の流れを汲む「よしもと漫才劇場」が今、めちゃめちゃ盛り上がっていると聞いていますが、当時（２００５〜08年頃）の大阪も、連日超満員の爆発的な盛り上がりでした。

当時の「baseよしもと」のトップメンバーが出演する『ガンガンライブ』のメンバーは、千鳥、笑い飯、NON STYLE、南海キャンディーズといった人気者がずらりと揃っていて、客席がキャーキャーと大騒ぎになっていると噂になっていました。

これは勉強のために見ておかないと……と、K－PROの立ち上げから一緒にやっている松本剛と、3日間泊まり込みで勉強しに行こうと大阪のホテルを予約して、遠征することにしました。

大阪に着いた初日に「baseよしもと」で『ガンガンライブ』を見たのですが、もう今までにないくらい衝撃的でした。ネタからコーナーからエンディングまで、もうどこをとっても面白すぎて……。

そのライブ終わりに劇場近くの店でお好み焼きを食べながら、**「たった3日じゃ何も学べない。1週間……いや、3週間にしよう！」と決めて、東京でのライブや仕事は他の人にお任せし、当時はまだやっていたアルバイトを辞めて、スケジュールを無理矢理調整して、本当に丸々3週間空けて、大阪でライブ三昧修業を決行しました。我ながら、すさまじい行動力です。**

急な延長だったので、劇場の前売りチケットが売り切れていた公演も多く、そんなときは夜のライブを見るために昼過ぎから並んで当日券を取りました。そして、「baseよしもと」でライブを見たあとは、ホテルに戻りお互いの部屋に行って、松本とその日のライブの話を遅くまで討論していました。

人生で一番お笑いの勉強をした3週間でした。貯金も使い果たしましたし、バイトも辞めていたので、東京に戻るのが怖かったのを覚えています。

それでも、**当時の「baseよしもと」は、今のK‐PROライブの礎《いしずえ》となった知識を沢山教えてくれました。先行投資としては十分すぎるぐらいで、「よくぞ行動した25歳の私！」と、このことを思い出す度に自分を褒めたくなります。**

『若武者』の結果発表は完全なるオマージュですが、他の全てのK‐PRO制作のライブにも、あの頃の大阪の血が流れていると思います。あの当時、「baseよしもと」から学んだことを、一つ一つやっているだけです。

「K‐PROのルーツは、『baseよしもと』です」と言い切れます。

そして今も昔も、**K‐PROの最終目的は「打倒大阪」です。恩返しをするためにも、大阪を越えたいです。**今なら打倒「よしもと漫才劇場」ですね。

今でも時間があれば大阪に行ってライブを見ています。

「倒したい相手がいたら、まず懐に入り込んで、徹底的に研究すること」は、本か何かの受け売りですが、その通りだと思います。

これだけK‐PROを続けていると、「いつかK‐PROを越えたいんです！」という団体が毎年のように出てきますが、そんなに倒したいなら見に来ればいいのにと毎回思います。そういう人こそ、独学で倒そうとして、全然うちのライブを見にこないんですよね。だから、他のライブ主催団体を脅威だと思ったことは、正直一度もないです。まだまだ負けたくないので、その分成長していきます。

お客様の望んでいることを理解して、期待を裏切るな。

K‐PROのユニットライブの一つにFKDZという、磁石、流れ星、三拍子といった芸歴20年前後の芸人さんばかりの大型ユニットがあります。第1章にも書きましたが、FKDとは「吹きだまり」の意味で、最初はFKD48という名前で発足しましたが、2015年にFKDZに改名しました。

そのFKDZの公演の企画コーナーで、メンバーだったアルコ&ピースの酒井（健太）さんがコーナー中に全然前に出なかったことがありました。ライブ後に楽屋でも「今日酒井全然喋ってなくない？」「本当だ、あいつギャラなしにしようぜ！」と、みんなが笑いながらイジっていました。

ネタのコーナーでは、もちろんアルコ&ピースはお客様にウケていて、大活躍でした。ただ企画コーナーは出るところがなかったから喋らなかったそうで、酒井さんは「だってみんな面白かったから全然出られなかったんですよ！」と言い訳をして、笑いを取っていました。

ただ、この日のアンケートには酒井さんのファンの方から「酒井さんをもっとフィーチャーする企画がよかった」「酒井さんがかわいそうで見てられなかった」という意見が多数ありました。当時のアルコ＆ピースはTHE MANZAIやキングオブコントで立て続けに決勝に行っていて人気急上昇中で、お客様にもアルコ＆ピースファンの方が多かったこともあり、こういうアンケートが沢山寄せられたんですね。

芸人サイドからすると、「前に出られなかった＝出ない本人が悪い」になりますが、お客様からすると「前に出させなかった＝主催者が悪い」ということになりますし、私も「主催者が悪い」と思います。

主催者側が一番大事にしなければいけなかった、「チケットを買ってくれたお客様が、このとき一番何を見たかったのか？」を考えてライブを構成できなかったからです。

お客様は面白いものを見たくて、笑いたくて来てくださっているので、会場が盛り上がっていたら笑ってはくれます。でも、お目当ての芸人さんが活躍していなかったら不満が残ってしまいます。完全に満足とはいかないんですね。

アルコ&ピースのようにメディアで活躍している芸人さんは、新規のお客様をライブに連れてきてくれます。その方々に「アルコ&ピース以外の芸人さんの面白さ」を伝えて、ライブの楽しさを知ってもらえたら、そこで初めてリピーターになっていただけます。なのでこのときは、アルコ&ピースが前に出やすい、違う企画を考えなければ駄目だったと思います。

ネタがどんなに面白くても、企画コーナーに不満が残ったら、「つまらなかった期待外れのライブ」という印象になってしまう可能性があるからです。

2009年放送の『史上空前!! 笑いの祭典 ザ・ドリームマッチ』にウッチャンナンチャンの内村光良《てるよし》さんが初出演して、『夢で逢えたら』以来約20年ぶりにダウンタウンの松本人志さんと組んでコントを披露した伝説の回がありました。あれは二人が組むことが決定していないとやってはいけない企画だと思います。理由は「いや、組まないのかよ!」と視聴者の不満を買うからです。

お客様の期待を裏切る行動をとると、他がどれだけよくても満足はしてもらえません。お客様が望んでいることを理解して、そのライブで誰を立てるのか、その上で他のメンバーも主役になる見せ方ができる企画を作れるかどうかは、本当に主催者の腕の見せどころです。

他の職業にも置き換えられることだと思いますので、是非参考にしてみてください。

他社との差別化を図る際に気をつけるべきこととは？

多分どの職業もそうだと思いますが、競合他社といかに違うことをやるかというのはすごく大事で、何よりも力を入れて、日々試行錯誤しているかと思います。

お笑いライブ界もそうで、今は都内だけでも山のようにライブがある状態なので、**差別化をしっかりしないと埋もれてしまいます。**

K-PROも始めて1年目のときは、お笑いの事務所が各々開催している「事務所ライブ」と、どう差別化するかばかり考えていました。

「事務所ライブは普通のバトルシステムだから、一対一のタイマンバトルにしよう」

「芸歴より年齢を重視した、平均年齢が25歳以下のライブをやろう」

「一度もお笑いをやったことがない場所でライブをやってみよう」

ちなみに全て実践しましたが、全てうまくいかなかったです。理由は簡単で、当時のお客様が望んでいないことばかりをやっていたからです。

事務所ライブがやっていないことをと考えて出した案でしたが、それらの案は事務所ライブがやっていてすでに失敗したり、失敗するだろうと考えた「あえてやらなかった案」ばかりだったんですね。**相手がやらないことをやってみて、失敗したあとに「だからやってなかったのか……」と気づくこと**はしょっちゅうあります。

差別化をするときにまず考えなきゃいけないのは、お客様の気持ちです。自分でいくら考えても、お客様から見て「いらない」と判断されたらすぐに切り替えたほうがいいです。逆にいえば、少しの変化でも、お客様に気づいてもらえたら、そこから差別化に繋がる可能性があるということです。

たとえば、自宅の近所に品揃えもほぼ同じ酒屋さんが2軒あるんですが、片方の店は各所に「自宅で地酒巡りはいかがですか?」「迷ったらコレ! 航空会社の機内ワインに採用!」みたいなポップが貼ってあるんですね。私はどのお酒が美味しいかわからないので、選ぶときの参考になってありがたく、ついポップが貼ってあるほうの店に行ってしまいます。

ライブも同じで、K-PRO3年目ぐらいのときに、全組出演者がシークレットのライブを開催したことがありました。当日、各ネタの前に映像で名前が出て出演者が誰だかわかるという内容です。

結果はお客様一桁の大失敗ライブになりました。当時はK－PROに信頼がなかったので、誰が出るかわからないイベントには怖すぎて来ていただけなかったんですね。

それから数年後に、『Simple Set Secret』というライブを開催しました。懲りずにまたシークレットライブです。ただこちらは、前回の反省を活かして、出演者を「10組中3組だけは発表し、残り7組をシークレット」という内容にしてチケットを売りました。出演者は以下の通りです。

『Simple Set Secret』（2009年7月9日開催）
〈出演〉磁石、ダブルブッキング、フラミンゴ、流れ星、ノンスモーキン、アルコ＆ピース、ダブルダッチ、5番6番、R藤本、2700

このときは、磁石、ダブルブッキング、フラミンゴだけ発表して、他はシークレットにしました。結果は、当日券も完売の超満員で、お客様のアンケートも大好評でした。もともとシークレットというのはかなり盛り上がる演出なので、チケットさえ買ってもらえたら楽しませられることはほぼ決まっています。毎回映像で出演者を発表する度に「おー！」「すごい！」と歓声があがっていて嬉しかったことを覚えています。

結局、**お客様に興味を持ってもらわないと、自分のエゴになるだけ**なんですね。お客様がなんでチケットを買わないのか、何を望んでいるのかを考えて、**お客様の心を少しくすぐるだけでいいん**です。

また、**「どこ」との差別化を目指すか？** も、**重要なポイント**です。つまり、**「差別化を考える相手が自分と同じ位置かを考えよう」**ということです。

K－PROは芸人のプロダクションもやっていますが、今のレベルや規模で、業界最大手の吉本興業と差別化をしようと考えても、「そんなことを考える前に、もっとやらなきゃいけないことがあるのでは？」と、誰もが思いますよね。業績でかなり差をつけられているのに、そこに照準を合わせて差別化を考える人がかなり多い気がしますが、経験上からもあまりおすすめはできません。**まずは「差別化するターゲットを見極めてから実行する」ことを考えなければいけません。**

ターゲットを見つけたら、やることは**「相手を研究し尽くす」**しかないと思います。**相手を研究しまくれば、相手が次にやりそうなことがわかるようになってきます。**

そこまで相手を見極められたら、差別化を考え出していいタイミングになったと言えます。**どうすれば差別化ができるかを考えながら、引き続き相手の研究も続けていけば、ほぼ確実に相手に勝てる案が出てくる**と思います。

そして相手を研究し続けていく上で、**「相手の強みを知る」ということは、「自分に足りないところ、弱点がわかる」ということ**になります。相手の研究をしていたはずなのに、自然に自分のこともわかってくるわけです。

「彼を知り己を知れば百戦殆《あや》うからず」

これは、孫子の有名な兵法の一つなんですが、「相手を知って、自分のことを知れば負けることはないよ」という意味で、まさにこの通りのことが起こります。

まずは**自分に合ったライバルを探して、研究あるのみ**です。

自分の強みは何なのか？自問自答して仕事に活かそう。

K－PROは、自分たちで主催するライブの他にも色々な仕事をやらせていただいていて、その一つが「単独ライブや演劇の舞台制作」です。

メインの仕事は、自ら主催するライブの制作なので、舞台制作のほうの宣伝活動は一切やっていないのですが、おかげさまで沢山ご依頼をいただいています。なぜ宣伝もせずに舞台制作の仕事の話が来続けるかというと、**K－PROの制作を引き受ける額が、他と比べて破格**だからです。場合によっては、相場の10分の1ぐらいのときもあります。なぜ安く設定しているかというと、**舞台制作の仕事は「お金をもらう仕事」ではなく、「繋がりを探す仕事」の場として考えているから**です。

そうやって「なんでも引き受けます！」の姿勢で仕事を選ばすに協力していたので、昔はえらい目にあったり苦い経験をしたことも多々ありましたが、今は打ち合わせの段階で相手がどんな人なのかを見極めることができるようになってきました。

誰かと一緒にお仕事をさせていただいたときに、「K－PROさんとでよかったです」と言われると、すごく嬉しいです。自分たちがやってきたことを認められた感じがしますし、理解し合える仲間が増えた気がして、ホワァッとなります。

誰かと一緒にやるということは、その人の時間に関わることになるわけで、ならば、その時間を有意義だったなと思ってもらいたいですし、相手が喜んでくれることで、こちらも成功を感じられます。

これまでにオードリーのライブや、ビートたけしさんのライブやイベントなどの制作協力をやらせていただきました。これらの仕事を受け持ったことで、かなりの反響をいただき、次の仕事にも繋がりました。本当にありがたかったです。

ただ格安の制作費で請け負うというのは、「主催ライブで稼ぐ」という部分がメインのK-PROだからできることで、うちじゃないところが同じように受けていたら、すぐに回らなくなると思います。

遡って考えると、制作費を格安にしたのは「うちなんかがお仕事いただけるなら、いくらでも」と、仕事を始めた初期の段階で決めた格安の値段設定を続けていただけで、作戦ではありませんでした。

数年前のある日、今後、制作を受ける金額を上げようかと考えたこともあったのですが、「よく考えたらうちは主催ライブというすごい武器を持っていて、そっちで稼げているから、制作のほうの値段は上げる必要ないかも？」と気づき、お値段据え置きにしました。

このように、本人が気づいていないだけで、実はとんでもない武器を持っていることってあると思います。武器は誰でも持っているけれど、それに気づけるかどうかが大事なんですね。

たとえば**若手のスタッフの場合、「成長を見せられる」というだけでも武器になり**

ます。正直、羨ましいです。**「部下の小さなミスを一切気にしない」というのも武器ですし、「上司の小言にもめげずに耐えられる」というのもすごい武器**です。

ただ、それに気づかずに、他の人から、「ミスは怒らないとダメ！」「言われっぱなしはよくない。我慢する時代じゃない！」などと言われて、せっかくの武器を活かせる場所を見つける前に失くしてしまう……なんてこともあるかもしれません。**自分では気づいていないだけで、実は会社の救世主になれるくらいの武器を持っている可能性も大いにあると思うので、たまには「今の自分の強みはなんだろう？」と自問自答してみる**のもいいと思います。

ちなみに、今のK‐PROが他ライブ団体よりも強いと思える最大の武器は、スタッフ力だと思っています。お笑いライブの悪い伝統ですが、昔から客入れや音響照明で失敗しても「それもライブの醍醐味の一つだから」で終わらそうとすることが多いんです。そこの暗黙のルールを変えたのは、多分K‐PROが最初だと思います。「来てくれたお客様は一人も逃さないぞ」と、他と違うことをしようと考えて動いた結果です。

私もお笑いファンだった時代があるので、開場中の整列や暗転の長さなど、お客様のストレスになる部分はわかるので、うちのスタッフにはまずそこから徹底的にやらせます。

「うちのスタッフにしかできないこと」が他との差別化に繋がるのは、真似されにくいということなので、すごい強みになると思います。

そんなＫ‐ＰＲＯですが、以前オードリー若林（正恭《まさやす》）さんと南海キャンディーズ山里（亮太）さんのライブ『たりないふたり』の制作協力に入らせていただいていたときに、関係者の方から「Ｋ‐ＰＲＯさんには正直、仕事を頼みにくいイメージがあります」と言われてしまったことがありました。

理由は、「忙しそうだから」や「業歴が長いので、上の人たちの仕事しか引き受けなさそう」、また逆に、「若手芸人の仕事しかやりたくないんじゃないかと思っていた」など、とにかくどこか閉鎖的なイメージがあると言われました。

以来、**「もっとオープンにしていかないと、仕事がなくなるぞ」と思うようになり、「来るもの拒まず」の姿勢から、「こちらからも積極的にアピールをしよう」と、遠慮せずにこちらから連絡することも始めました。**これからもどんどん沢山の方とコラボして、失敗を気にせずに、いろんなことにチャレンジしていきたいです。

先行投資は効果あり。恐れずにどんどん仕掛けていこう。

先行投資は、タイミングさえ間違えなければ「必殺技」と言っていいぐらい効果抜群です。K-PROも大小様々な先行投資を何度もやってきて、大きくなってきた歴史があると思っています。

そんなK-PRO版先行投資の例をいくつか紹介したいと思います。皆さんの参考になれば嬉しいです。

まずは、「ケータリング」の話から。

いつの日からか、芸人さんの間で「K-PROのケータリングはすごく豪華」と言われるようになりました。

飲み物は水やお茶にジュース系なども複数用意しておりますし、お菓子の種類も芸人さんの要望も聞いたりして多数用意したり、また、ある程度集客が見込めるライブではおにぎりやパン、缶コーヒーからカップラーメンまで置いています。スペシャルライブのときは、それにプラスしてお弁当も用意しています。

大阪の「ABCホール」でライブを開催したときは、テンションを上げてもらうために、551蓬萊の豚まんと、わなかのたこ焼きを出しました。たこ焼きはウーバーイーツで頼みました。前なら、なんばまで買いに走っていたと思います。時代に感謝です。ママタルトの大鶴肥満くんが、豚まんを一人で10個食べ、最後に余っていた4個も、肥満くんが「安心してください！　ちゃんと食べます！」とパクパク全部食べてくれました。

そもそも、**お笑いライブにケータリングという文化はありませんでした。多分K-PROがライブ毎にケータリングを導入したことは、かなり革命的だった**と思います。

ケータリングを始めたのは、出演いただく芸人さんから**「他のライブとは違う」と思ってもらいたかった**からです。特にK-PROを始めた当時は、芸人さんに「また一つ新しいインディーズライブが増えた」ではなく、「ん？　ここのライブは他とは違うぞ？」と思ってもらいたかったので、そのために色々考えて、出した答えの一つがケータリングでした。

当時はお客様の数も少なくて、黒字になるか赤字になるか毎回ギリギリの戦いだったので、そんな中でのケータリング代は結構痛かったです。でも、やり続けたおかげで芸人さんが定期的にライブのトークコーナーでケータリングの話をしてくれたり、私が『セブンルール』などテレビやメディアに出る度にケータリングの話を取り上げてくれたりして、K-PROの武器の一つとなりました。

一時期、K-PROに対抗してお寿司やオードブルを毎回用意していた団体もあったみたいですが、恐らく予算と、あとは芸人さんが逆に遠慮してしまい、長く続かなかったと聞いたことがあります。

何か物事を比べるとき、最初に始めたところが基準になるので、お笑いライブのケータリングに関してはK-PROが基準になっていると思います。

「基準と違うことをする」という考えはすごく大事だと思いますが、今書いたようになんでもアリという訳ではなくて、**やるときは「違和感がないように」しないとダメ**だと思います。普段のライブの楽屋に毎回豪華なお寿司が置いてあったら、多分嬉しさよりも怖さが勝ってしまいますよね。お寿司を出すのは、大一番のスペシャルライブとか、「新ユニットライブの一回目なので気合いを入れてもらいたい」など理由があるときのほうが効果的だと思います。

余談ですが、**全芸人さんから喜ばれるケータリングは、夏の暑い日に配る棒アイス**です。これを楽屋にサプライズで持っていくと、若手もベテランも本当に喜んでくれますし、一箱に沢山入っていて値段も高くないので、本当にベストなケータリングだと思います。

多分、仕事相手に渡す差し入れや手土産なども同じだと思います。せっかくなら先方に喜んでもらえるように、**どんなものをどんなタイミングで渡したらいいのかなど、演出をしっかり考えることが大事**だと思います。

先行投資に話を戻します。

K－PROでは、**音響さんや照明さん、また映像に関しても昔から売り上げを考えずにお金をかけてきました。**

今でこそ当たり前になっていますが、うちは初めて300人規模のライブをやった2008年、「北沢タウンホール」の『行列の先頭』から、全て当時のトップクラスのプロに頼んでいました。

当時「北沢タウンホール」でやっていた別の団体が主催しているライブを勉強のために見に行ったときに、舞台照明を地明かり（もともと吊ってある照明）だけでやっていて、ずっと薄暗かったんです。それを見て、「うちは絶対、ちゃんと照明を当てたい」と思い、実行しました。地明かりだけでやると、照明さんを呼ばなくてもいいので、その分費用が安く済みます。でも、照明はライブの核となる部分ですし、そこの予算を削るのは違うと思い、Ｋ‐ＰＲＯでは、照明の演出をしっかりすることを心掛けています。

また、お笑いライブは特殊で、音響照明のきっかけが事前提出ではなく、本番当日に芸人さんから直接聞いてやることが多々あったりします。

これは、演劇や音楽ライブでは考えられないことです。各公演の合間しか合わせる時間もないですし、対応できない方や、場合によっては「こんな無茶苦茶な現場は初めてだ！」と怒り出す方も沢山いらっしゃいます。なので、うちのライブの音響さんと照明さんは、毎回「お笑いライブ経験者」にやってもらっています。「Ｋ‐ＰＲＯの音響照明は安心して見ていられる」という声を、嬉しいことに沢山いただきますが、それは経験者を呼んでいるからなんです。

そのイメージがあるので、お客様もですが、特に芸人さんが安心してくれて、**Ｋ‐ＰＲＯのライブには普段はあまりやらない音を沢山使うネタを持ってきてくれたりして、その分幅が広がります。**

音響さんにも照明さんにも無茶なことをお願いしているので、やはり通常より値段が高かったりしますが、**そこで勝ち得た信頼によって、「このチームでやってほしい」と単独ライブのオファーがくることもあります。**また、うちの劇場の「ナルゲキ」や小さめの劇場で公演するときは、音響照明のオペレーターは自社のスタッフにやらせているので、大きめの会場で開催する際にプロの技を間近で見ることができるのは、とても勉強になります。**高い値段を払っても後々に回収できる部分が沢山ある**んです。ライブ映像も、Ｋ-ＰＲＯを始めた当初から、芸人さんの単独ライブのオープニング映像を作っていたプロの映像作家さんにお願いするなど、先行投資をしてきました。チケットの値段に見合った映像は演出として必須だと思いますし、何より芸人さんのテンションにも関わるので、今もここぞというライブは、プロの方に毎回お願いしています。

大阪の芸人さんにオファーをして来ていただくときも、**格安の深夜バスを使わずに、新幹線の交通費をお支払いしてお願いしています。**マネージャーさんから「バスで向かわせます」と言われても、「新幹線で」と伝えて替えてもらっていました。

これも芸人さんのためです。

一度、大阪から30組ぐらいの芸人さんが深夜バスで来たことがあり、そのときに到着した芸人さんのほぼ全員が疲弊していたんですね。それを見てから、今後は絶対にバスはやめようと心に決めました。わざわざ大阪から来ていただくわけですし、しっかりゲストとしてお迎えしたいんです。

最近はどうかわからないですが、当時の吉本の芸人さんの移動は、人気のある芸人さんでも若手だとバス移動が多かったみたいで、当時出てもらっていた方から毎回**「新幹線とホテル代まで出してもらって本当ありがとうございます!」**と感謝されることが多かったです。

逆に、東京から名古屋や大阪に行くときも必ず新幹線移動でお願いしています。

とはいえ、新幹線では、昔、こんな失敗も……。

2007年頃、毎月大阪に東京の芸人さんを連れていってライブをやっていたことがありました。当時は、ようやくバイトを辞めることができて、K－PROの仕事だけでギリギリ生活できるようになったばかりの頃で、できるだけ安く行けないかと、当時1カ月前に「こだま」を予約したら9000円で新大阪に行ける割引サービスがあったので、それを利用していたんです。

ただ、普段芸人さんは、どんなに事務所がケチってもこだまには乗らないんですね。ただでさえ新大阪まで2時間半と長いのに、こだまだと4時間を超えるんです(森脇健児さんはご自宅のある京都から東京への移動のとき、あえてこだまに乗って話すネタを練っているそうですが……)。

なので、ほとんどの芸人さんから大不評で、中には、「追加料金自分で出すから、のぞみにして先に帰りますね」と、チケット変更をされている方もいました。

今考えたら本当に申し訳なく、反省しています。

そんな中、吉本興業のピン芸人、佐久間一行《かずゆき》さんは、「僕、こだま久々に乗りますよー！」「新幹線大好きなんで、ゆっくり行きましょう！」と明るく、優しく接してくれて、車内でもずっと往復8時間もお話ししてくれました。

私の愚痴も聞いてくれて、好きだったテレビ番組の話などもできました。本当にテレビで見る雰囲気のままの、優しくて素敵な方でした。

昨今の大きな先行投資といえば、コロナ禍になって配信を始める際に購入した機材です。

緊急事態宣言で劇場を閉めないといけなくなったとき、スタッフの富澤が「実は機材に詳しいので、配信をやりましょう」と言ってきてくれたおかげで、**機材を購入してすぐに配信をスタートさせることができ、仕事を失っていた芸人さんにも喜ばれました。**

撮影の機材に関しては、テレビ局の関係者が「これならロケも行けますよ」と言うぐらい、すごいものを揃えていますが、その分とんでもない先行投資費用になっています。

ここまでの例を見ていただいたらわかると思いますが、うちの先行投資はほぼ芸人さんに向けてです。**他の事務所から芸人さんを借りてライブをやっているK－PROにとっては、「芸人さんも一人一人がお客様」なんです。**芸人さんに出てもらわないとライブはできないので、まずは芸人さんに「K－PROのライブは出たい」と言ってもらうことが一番大事なことです。

なので、そこに関しては惜しまずに、これからもどんどん投資していきたいと思っています。

先行投資は、いつどうやって回収したらいいかをしっかり押さえておけば、成功する確率は増すと思うので、恐れずにどんどん仕掛けていくことをおすすめします。

「仕事が速いね」と相手に喜んでもらえるように動こう。

どこの業界も今は「スピードが速いほうがいい」と言われていますよね。つまり「何かあったら、すぐ動けるかの判断を如何に早くできるか」が大事ということで、たった1日の判断の遅れで、手遅れになるという状況があります。

Ｋ－ＰＲＯを始めた頃はまだまだ実績も信頼もなかったため、数あるインディーズライブ団体の一つと考えられていて、芸人さんの事務所のほうも「先にオファーが来たほうのライブに出す」という、早いもの勝ちの世界でした。あの頃は主要なライブ団体が三つほどあって、それぞれが意識しあっていたと思います。今でこそ実績と関係性を考慮していただけるようになり、うちのオファーと他のライブのオファーが被った場合は、返事前であれば優先してスケジュールをいただけるようになりましたが、あの頃は1日交渉が遅れたら、もう別の団体に取られていました。

この早いもの勝ちだった頃は、各事務所から出演の可否に関する返事がこないことが毎日すごくしんどくて、しょっちゅう携帯を見ては、着信やメールのチェックをしていました。

その反動もあって、**「自分は仕事をいただいたら、すぐに返事をして動けるようにしよう」**と思うようになりました。「私なんかが人を待たせていいわけがない」「早く返事をしないと他に仕事を取られてしまう」と、今も思っています。

そうやって何事も意識して返事や行動のスピードを上げていたら、段々と「Ｋ－ＰＲＯさんは仕事が速いよね」と言われるようになってきました。

この褒め言葉はすごく効果があって、一度仕事をして評価してくれた人が「すぐに動いてくれるからK‐PROに頼むといいよ」と色々なところで言ってくれて、「○○から聞いたけど、児島さんは仕事のスピードが速いんだって？　そういう人と仕事がしたかったんだよね」と、今まで関わったことのないところから仕事の依頼が来たこともありました。

仕事のスピードを意識してから、それまでよりも沢山仕事の話が来るようになりました。

ライブの開催の決定&発表もスピード感が大事で、たとえば、2021年2月に開催したランジャタイとキュウのツーマンライブも、その前年の12月20日に、M‐1グランプリの敗者復活戦で、ゲスト解説の銀シャリ橋本（直《なお》）さんが、「キュウとランジャタイのツーマンライブを見てみたいですね」と発言したのを聞いて、すぐに動き出しました。

M‐1の翌々日にはランジャタイに「やりましょう」と伝えて、OKをもらえたらすぐにキュウにも連絡して日にちを押さえていただき、M‐1の11日後には、日時と会場を発表していました。

実は12月25日の時点でほぼ詳細が決まっていたので、「クリスマスプレゼントとして発表しようかな？」と迷いましたが、結果、年明けの元旦に「K－PROからのお年玉」として発表したところ、沢山の方から「スピードが速い」と言っていただきました。

このときのツーマンの配信の販売枚数は、当時のK－PROの1位を記録しました。あの頃の二組は、今ほどの人気はまだありませんでしたが、M－1の敗者復活に出て注目を集めているタイミングだったので、**「流れをしっかり作ることができれば、チケットを買ってもらえる」という勉強になりました。**

「スピードが大事」というのは、ライブには必ず「旬」があるからで、どんなに魅力的なイベントでも、時間をかけたらダメになります。この辺の嗅覚はあるほうだと思っていますし、なんならK－PROはこの嗅覚だけで乗り越えてきた気もします。

ちなみに、ライブをやるときに一番時間がかかり、スピードが落ちるのは「会場探し」です。そして、私が一番得意なのがこの会場探しで、それでお仕事を沢山いただけている部分も多々あります。

会場探しにはコツがありまして、まず芸人さんやマネージャーさんから「いつ頃こんなライブをやりたいんですが……」と相談を受けた時点で、頭の中に会場の候補を思い浮かべて、「その範囲をどれだけ広げて考えられるか」が重要になります。

範囲を「絞る」のではなくて、「広げる」のがポイントです。

その理由は、先に芸人さんサイドの希望の日程が出ていることが多い中で会場を探す場合、「基本、ほとんどが埋まっている」からです。なので、まずは「理想の会場でできると思わない」で、考える必要があります。

実際にあった、わかりやすい例を一つ書いてみます。

以前オードリー若林さんのソロライブをやりたいと、スタッフの方から相談をされたことがありました。

若林さんは数々のレギュラーを抱えているので、スケジュールが本当に限られています。なので、言われた日程で空いている会場を探さないと、せっかくのライブが開催できなくなってしまいます。

最初は「2カ月後ぐらいに100人ぐらいの劇場でやりたい」と言われていましたが、まず100人規模の劇場は、大体が半年~1年以上前から埋まってしまっています。それをわかっているのに、100人のキャパで劇場を探して、ホームページを開いては「空き情報」を調べるという行動をしていたら、時間がかかりすぎてしまいます。

ならば、「100人ぐらい」という希望を「少ないお客様の前でやりたい」に変換して、キャパ数を50~200人で探そうと考えました。若林さんは「日本武道館」でライブをやっているぐらいの方なので、200人でも少ない人数と捉えてくれると思ったからです。

引っ越しの物件探しのときに、少し希望と違う条件の物件を出されて、「あ、こっちのほうがいいな」と思った経験はありませんか？　あれと同じです。

若林さんにいくつかの会場を提案した結果、キャパ約１８０席の渋谷「ユーロライブ」に決まりました。当日も、若林さんに会場をすごく気に入っていただいて、ここを提案してよかったなと思いました。

後日、私が『セブンルール』という番組に出たときに、若林さんが「児島さんに劇場探しを頼んだら、20分ぐらいで何十件も探してきた」と言っていて、印象に残ってくれていたんだとわかり、すごく嬉しかったです。

色々書いてきましたが、**結局は「相手が何を望んでいるか？」を読み取ることなんじゃないかと思います。**芸人さんやお客様が「すぐにでもやりたい！」「すぐにでも見たい！」と思っていたら、すぐに発表しなきゃですし、「希望のキャパの会場はないですね」ではなく、「今空いているのはこの辺りですが、どうでしょうか？」なんです。

相手が望んでない部分でスピードを上げても、多分すごさに気づいてもらえないですし、逆に「そんなにがっつかれても……」と引かれる可能性もあります。

相手が求めているところを探そうとすれば、次の行動とかに繋がって、その分速く

動けるようになります。「闇雲に速く」というわけではなく、狙いを定めて、その上で、今自分ができる範囲の中での速いスピードで動きましょう！

成功例はどんどん真似して取り入れていこう。

最近どこの打ち合わせに行っても、「所属芸人は宝だよ」「K‐PROはいい人材が集まる仕組みができていて羨ましい」「K‐PROの一番の強みは『所属芸人の芸』にしないとダメだよ」と言っていただけることが多いです。

何度も書いているように、お笑いライブは如何に他との差別化ができるかが大事で、その差別化を図るためにいつか必要になってくるだろうと考えているのが、「所属芸人のメインライブ進出」です。

そのためにも、所属からスターをどんどん出していく必要があるのですが、どうやったらそのスター候補生になれるのかと言いますと、今のお笑い界では、「賞レースで結果を出す」か、「ライブのお客様に認めていただく」の二つになります。

現状を見たら、賞レースで勝つことはかなりハードルが高いので、そうなると「ライブで認められる」を目指すことになります。そのために必要になってくることは、「ネタが面白い」は大前提で、**そこに、「思わず応援したくなる」という感情を持ってもらえることがすごく大事です。**

これまでもK‐PROでは、ユニットライブを作ったり、その芸人さんが主役になるようなライブをやったりして、お客様が応援したくなるような流れを演出として作ってきました。

ただ、それらは、すでに何人かのお笑いライブファンの方には認知されていたメンバーを集めてスタートさせていました。K‐PROの所属芸人は、そのメンバーに比べたら人気も知名度も実力もかなり劣っている状態、つまり文字通りゼロからのスタートとなりますので、今までと同じようなやり方では、到底人気はついていかないと思います。

じゃあどうするかと考えたときに、このやり方がいいんじゃないかという**成功例のモデルとなるものを一つ見つけました。**

私のこの業界の同期に、春風亭昇也くんという落語家さんがいます。知っている方もいるかと思いますが、真打になり、あの『笑点』にも出たことがある、落語界期待の若手ホープなんです。

その昇也くんがまだ二ツ目だった頃に、落語芸術協会の若手たちで、成金というユニットを結成しました。そのユニットには、神田松之丞（現・伯山）さんや、『笑点』新メンバーの桂宮治さんもいて、今やメンバー全員が、各所で大活躍されていて、「落語界のモンスターファクトリー」と呼ばれているんです。

成金は、メンバーの誰かが一人、真打に昇進するまでやろうと考えていたユニットで、神田伯山さんが真打になってユニット活動を一旦終わりにしたんですが、その後一人どころか、なんと全員が真打になりました。めちゃくちゃすごいですよね。現在では、年に一度『大成金』という公演をやっていて、800人の劇場を簡単に埋めるぐらいの人気公演になっています。

そんなお化けユニットが、結成した頃はどんな活動をしていたかというと、「ナルゲキ」近くにあった「ミュージック・テイト西新宿店」（2023年8月に閉店）という、ぎゅうぎゅうに詰めても20人も入らないようなCDショップで、毎週金曜日に定例落語会をして、腕を磨いていたそうなんです。

これを、そのまま漫才版にして、K－PROの所属芸人でやりたいなと考えています。**成功例は、どんどん真似して取り入れていったほうがいい**と思っているからです。

このプロジェクトのミソは、メンバーではなく「コンセプト」に注目してもらいやすいということで、「ストイックなことしてるなあ」「あー、ここで毎日やってるのか」という部分から興味を持ってもらえるというところです。メンバーを知っていただいたり、ライブを見ていただいたりはそのあとで、**まずは取っ掛かりをどれだけ増やせるかが大事だと思います。成功しているものから学ぶことは沢山あります。**

それをやることができる環境にあるのであれば、尚更です。

場所は、「ナルゲキ」から歩いて30秒ほどのバーだった場所でやろうと思っています。もともと昼寄席の楽屋や、緊急事態宣言中には無観客トークライブの会場などとして使わせてもらっていたのですが、そのバーが閉店して賃貸募集が出ていたので、思い切って借りることにしたんです。10人は入れますので、最初はそこでやってみたいと思います。ここがあったからこそ今があると、将来活躍するメンバーが出たときに言えるようなライブにしたいと思います。

この場所は、若手のライブ以外にも、「ナルゲキ」のあとにアフタートークライブをするとか、ネタ見せやダンスレッスンなど、さまざまなことに活用していきたいです。

所属芸人を取った理由は、**最終的にはもちろん大成功するためです。**

そのために色々動いていきますよ！

最初から「ご迷惑をかけております」という姿勢で接しよう。

Ｋ－ＰＲＯはもう20年弱ライブイベントの制作をやってきているので、キャパの大きな劇場でも問題なくできますが、たまに、慣れていない団体が大きめの劇場でお笑いライブをやる際に、劇場側と運営の方法で揉めることがあるみたいです。そういった揉め事があったあとに、劇場のスタッフさんと打ち合わせをすると、「あー、お笑いライブか……」と、あからさまに顔と言葉に嫌悪感を出されることがあります。

区が運営しているホールなどは、区役所や出張所などの区の施設と同様なので、働く人全員がお笑いライブや演劇に愛を持っているわけではないです。もちろん、中には「舞台が大好きだから、ここで働いています」という方もいるかもしれませんが、大抵の方からすると、「時間を守ってくれて、演出もシンプルで、人数が少ない」という公演が一番好まれます。

理由は、「それが一番楽だから」です。仮に自分が区の施設で働いているとして、黙ってハンコを押して、資料を受け取って帰ってくれる人と、沢山質問をされたり、仕事を増やされる人とだったら、絶対に前者のほうがいいって思いますよね？

たとえば「座・高円寺」は、演劇の方がメインで使用されている劇場なので、お笑いライブは恐らく月に2、3日しかやっていないと思います。つまり、**お笑いで使用する客は、「普段と違う客」となります。だから、「自分たちは、劇場側から見たらイレギュラーな客なんだ」と自覚して、それにつき合ってくれていることに感謝をする必要がある**と思っています。

すごくへりくだっているように思われるかもしれませんが、それぐらい「お笑いライブの常識は、『座・高円寺』では非常識」なんです。

演劇の場合、ゲネプロ（本番前の通しリハーサル）と本番は、ほぼ同じことをやりますよね。でもお笑いは、「すみません、やっぱりここはこういう照明にしてくださ い。あ、あと音を使いたいんで、なんでもいいので流してもらえますか？」などと、直前の変更が多かったりします。公演時間も、ネタ時間やエンディングが伸びたりして事前に提出したタイムスケジュールと大幅に違ってくることが多いので、そういうことが重なった結果、「お笑いライブ＝迷惑な客」という認識を持っている会場は少なくないと思います。

Ｋ－ＰＲＯは早くからそのことに気づいていたので、**最初から「ご迷惑をかけております」という姿勢で劇場の方と接するようにしていますが、「これくらい普通でしょ」という傲慢《ごうまん》な対応を続けているお笑いライブ主催者がいた場合、結果、他の団体にも悪いイメージがついてしまいます。**

これはお笑い界だけでなく、たとえばプロレス界でも、会場の扱いが酷くて、「もうプロレスには貸さない」と判断した体育館があるという話を聞いたことがあります。なので、「Ｋ－ＰＲＯは同じお笑いでも他とは違うな」と劇場サイドに思ってもらえるように、まずは劇場に迷惑をかけないことを考えて動こうと常に心掛けています。

そのおかげで、「座・高円寺」では休憩所として同じ建物内のカフェスペースを借りることができましたし、「ナルゲキ」も「ハーモニックホール」の方が「Ｋ－ＰＲＯさんだったら任せられます」と言ってくれて、オープンできました。

ライブ主催者に興味を持っている方もいらっしゃるかと思いますが、「お笑いライブの常識はお笑いライブだけでしか通用しない」と、常に思っておくことはすごく大事なことなので、是非頭に入れておいてください。

他の業種の場合でも、**取引先などには丁寧に接して損になることはない**と思います。迷惑な相手だと思われないように心掛けましょう。

いざというとき助けてくれる人との縁を大切にしよう。

先日、十数年前にバイトしていた頃の仲間（Aくん）と久々に会ってきました。Aくん会ったといっても遊んだわけではなくて、ビジネスの話をするためにです。Aくんは、今では会社を5つも経営していて、色々なジャンルで成功している人なんです。Aくんは新型コロナで経営状況が悪化したK-PROを心配してくれて、「力になれることがあるかもしれないから会って話そう」と言ってくれて、会うことになったのでした。

Aくんから「紹介したい人がいるから連れていくね」と言われ、待ち合わせ場所に行ったら、もう一人男性の方（Bさん）がいました。

「Bさんは、Vチューバーや声優アイドルなどを手掛けている人で、あの『キズナアイ』の立ち上げに参加していたんだよ」とAくんから言われて、思わず、「え？ あのキズナアイ⁉」と声を出してしまいました。Bさんは、Vチューバーの他にもアイドルにイベントを斡旋《あっせん》したり、ＣＭ出演に繋げる仕事をスタートさせたりと幅広く活動しているそうで、仕事の幅を広げるアドバイスをしたり、別ジャンル同士を繋げて、新しく仕事を作ったりすることが得意な方だそうです。

なんと、ＡくんとＢさんも、私が辞めたあとにそのバイト先で知り合ったらしく、会ってしばらくは当時の話をして盛り上がっていました。もちろん思い出話だけでなく、本題のＫ‐ＰＲＯの現状の話も沢山してきました。二人共、今のエンターテイメント業界のことも詳しくて、「これは今はやめたほうがいいよ」とか、「それはすごいことだから、じゃあ◯◯と組み合わせたら、より沢山の人に届くんじゃないかな？」とか、アドバイスを沢山してくれました。大手企業と第一線で、しかも最先端の事業を手掛けている二人だけあって、めちゃくちゃ勉強になりました。

本当に目から鱗な意見ばかりで、興奮してその日の夜はなかなか寝られなかったくらいです。

一番嬉しかったのは、Ｋ‐ＰＲＯの所属芸人のプロフィールページを見て、

「これだけの芸人を動かせるのはすごいことだよ！」

「これはＫ‐ＰＲＯの一番の武器になると思うよ」

と言ってもらえたことです。

二人曰く、お笑い芸人の需要がある場所はいくらでもあるとのことで、中には売れてない、知名度がない芸人のほうがありがたがってくれる企業は沢山あるのだそうです。

実際、所属芸人のプロフィールを見て、「このコンビの特徴すごく面白いね……。ちょっと、1カ所連絡してみるね」と、その場で電話をしてくれて、ものの数分で好条件の仕事を決めてくれたんです！

スピード感は何よりも大事だとは私も常に思っていましたが、この二人のスピードは、私の思っていた何倍も上でした。他にも、

「K-PROって多分児島さんが思っている以上にすごいことしているから、もっと色々な場所に向けて動いていったほうがいいよ」

「何組もの芸人を見てきた児島さんがオススメする若手芸人って、企業からしたら『絶対将来売れる可能性が高いなら、先物買いしたい』ってなるから、もっと言っていったほうがいい」

「そんな児島さんの抱えてる所属芸人がいて、しかもフットワークも軽いなんて、最高すぎる」

などなど、自分では気づけないこと、本来やらなければいけないことをレクチャーしてもらい、かなり自信がつきましたし、世界が広がりました。

そして、**「やりたいことをやるために、今やらなきゃいけないことがある」**ということを学びました。

昔のバイト仲間にこんなに助けてもらえるなんて……。十数年前の自分にありがとうと言いたいです！　**困っているときお互いに助け合える人脈があると安心できます。人との縁は大切にしていきましょう。**

強いライバルとあえてぶつかってみよう。

年末の『紅白』の裏などもそうですが、同日開催のイベントにぶつけるといいということは、昔から興行界にある話で、**裏が強くても、同日開催を強行してみたら、相乗効果でいつも以上に盛り上がったという事例が結構あるんです。**

これは、別日だったら気にもとめていないけど、**「自分が見に行く予定の裏に、こんなイベントをやるんだ？」という興味が湧いてきて、それぞれのお客様同士が意識をし合って話題になって、その結果、より沢山の人に知れ渡って、どちらも盛り上がる……**というわけなんです。

「○○ライブと△△ライブ被ってる……」というSNSの投稿を見たら、どちらにも興味がなかったとしても「なんかバチバチやりあってるみたい」と気になって、思わず内容を調べてみたくなりますよね。

私が大好きなプロレスから一つ例を出すと、1995年、業界最大手の新日本プロレスをはじめ、プロレス団体が集まって『夢の懸け橋』というスペシャルイベントを東京ドームで開催したときに、そこに参加していないほとんどの団体が、「その日は都内で自主興行をしても、みんな東京ドームに行っちゃって客が入らないから」と、軒並み同日開催を避けた中、あのダミ声でお馴染みの天龍源一郎さんの団体が、まさかの同日に興行を行うと発表、しかも開催場所が、東京ドームの目の前にある後楽園ホールだったのです。

そのチャレンジ精神というか、心意気に押されて、後楽園ホールも超満員になり、今でも「俺の自慢はあのときの後楽園にいたことだよ」とプロレスファンの間で語り草になってるぐらい、伝説のイベントになっています。

それに比べたらめちゃくちゃ小さい話ですが、K‐PROも立ち上げ当初に、『行列の先頭』以外で初めてスペシャルライブをやろうとしたことがありました。

当時、K‐PRO以外にもお笑いライブの制作団体がいくつかありまして、うちも含めて、出演芸人さんもほぼ同じようなライブを、同じようなペースでやっていたんですが、そのうちの一つの団体が、うちがスペシャルライブをやろうとしていた日と全く同じ日にライブ開催を発表したんです。

このバッティングが判明してから、うちもその団体をとんでもなく意識して、出演交渉を開始しました。最初に、いつもうちのライブに出ていただいていたキャン×キャンや三拍子に声をかけたら、残念ながら出演NGで、なんとその団体のライブに出演が決まったとのことでした。

そこからはもう、お互い意地ですよね。そっちがそうくるならと、うちはハマカーンや流れ星、ダーリンハニーなど、当時人気だった若手の出演を確保しました。すると向こうも、磁石やマシンガンズといった、こちらも人気の芸人さんを次々と発表していくんです。

そんなことを続けていたら、次第に当時のお笑いファンの間で、「なんか○○とK-PRO、興行戦争してない？」という噂になってきました。芸人さんからも、「○○と戦ってるでしょ？　俺らお客さん呼ぶから、出してくれない？」と言われたりもしました。最終的には、明確な勝敗はないですが、動員面、ライブ後のお客様の評判などを見る限り、もし判定員がいたらK-PROの勝利だと思う結果にはなりました。とにかく、このときは頑張りました。

このライブで、それまではお笑いファンの間では他の団体と同じか少し下の位置に思われていたK-PROが、一段階上の団体として認められたような気がします。

裏被りは、たとえ負け戦だとしても、やってみたらかなりプラスに働くことが多いです。

チャレンジする勇気は必要ですが、避けてばかりいるよりも腹を括ってぶつかって行くほうが、より成功に近づけると思います。

時代と向き合ってベストを探していこう。

K-PROは、所属芸人を抱えたプロダクション業もやっているのでわかりますが、ここ数年はネタ番組も増えて、オーディションの数も増えました。連日、所属芸人の誰かしらを何かの番組オーディションに行かせています。行かせるといっても、ご時世的に半分ぐらいは動画審査で、中には自宅からZoomでネタを披露するオーディションもあったりします。

時代ですよね。ちなみに、所属芸人の一人は、Zoomオーディション中に声が大きかったようで、隣の部屋から壁をドンッと叩かれたそうです。

動画オーディションに落ち続けることで、自信を失くす若手芸人も増えてきてしまいました。

新型コロナ以前は当たり前だったテレビ局に行って直接ネタを披露するオーディションだと、**作家さんから「面白いね」「考えておきます」などと言われて手応えを感じたり、逆にダメだったときも、「もっとこうしないと」などと直接アドバイスを受けることができるので、刺激を受けてやる気を出せていた**んです。

動画オーディションだと、落ちても受かってもあまり実感が湧かないので、直接作家さんに見てもらう経験が少ない若手からしたら、モチベーションが上がりにくいんだと思います。

それでも、なんとか励ましてネタ動画を送らせてはいますが、若手よりも芸歴を重ねた先輩芸人たちのほうが熱心に動画オーディションにチャレンジしています。ただ、いくら先輩芸人たちがしっかり送り続けていても、番組側が欲しがるのはベテランよりも若手なので……なかなか厳しいです。

これはうちだけの問題ではなくて、他事務所の芸人さんも同じみたいです。昔はライブの楽屋では、誰が受かったとか落ちたとか、番組オーディションやネタ見せの話ばかりが耳に入ってきていましたが、今はそういった話を全然聞かなくなりました。テレビのオーディションに燃える若手芸人が減ってしまったもう一つの理由は、「テレビ番組に出ても、すぐに生活が変わるわけではない」とわかっているからだと思います。

昨今テレビで活躍している芸人さんたちも、もともとはほとんどが賞レースで注目されたメンバーばかりで、「まずは賞レースで一つでも順位を上げること」のほうに若手の意識が向いているんでしょうね。

今はテレビに一回や二回出たとしても、それだけで売れることはほとんどないですが、昔は、何かの番組に出ることは、お笑いで食べていける近道でした。ネタ番組に出た翌週には、もう営業の仕事が入っていたり……ということも珍しくなかったんです。

ＮＨＫで『爆笑オンエアバトル』を放送していた頃は、この番組に出演した芸人さんは、すぐに学園祭などの仕事が決まったり、別のネタ番組に呼ばれたりしていました。そうやって売れていく芸人さんを間近で何組も見てきました。なので、この時代の楽屋では、番組オーディションの話題が飛び交っていたんです。

もちろん今も、芸人さんがハイテンションで「今度〇〇に出るんですよー！」と嬉しそうに報告してくれる番組もありますが、最近の若手の、テレビ出演に対するクールな対応を見ていると、ちょっと寂しさも感じてしまいます。

「テレビ離れ」と言われるようになって、テレビに出ても劇的にファンが増えたり、収入が変わったりするわけではないのであれば、番組のキャスティングの方法も何かしら変えないと、芸人さんのモチベーションを上げるのは難しいです。

それはライブも同じで、時代に合わせて、芸人さんのやる気が下がらないように作っていかないと、舞台上の芸人さんを見て、お客様も敏感に気づくと思いますし、それが続くと、「もうこのライブは見なくてもいいや」と、お客様に判断されてしまいます。

結局は**先を考えて、時代と向き合ってベストを探していくことが、どの世界でも大事**なんだと思います!

ピンチをチャンスに。苦肉の策が功を奏することもある。

「情報解禁」という言葉は、個人的にはあまり好きではありません。特に、いわゆる業界人が「情報解禁！」と書いている告知を見ると、ワクワクするよりも「なんか偉そうだなあ」という気持ちが勝ってしまいます。

でも、**この言葉は魔法の言葉で、実は最近バタバタと決まったことなのに「情報解禁！」と書くことで、前々から準備していた感が出て、余裕を持って発表しているように見せることができるんです。**

事前に匂わせることもなく、いきなり「お待たせしました！　情報解禁です！」という告知があった場合、「本当は緊急に決まったんだろうな」と疑ってしまいます。

Ｋ－ＰＲＯのライブでも、そういうことは正直何度かあるのですが、うちの場合は開き直って「緊急開催！」と書いてしまうことが多いです。

人気の高いライブ会場はだいぶ前から押さえておくことが多いので、借りていたことをうっかり忘れてしまい、慌てて出演交渉をして、なんとか開催した……というピンチが、恥ずかしながら過去にいくつかありました。

中でも思い出深いのが、２０１１年春の大ピンチです。劇場さんから「ライブの開催を発表していないみたいだけど、もしかして忘れてる？」と連絡をいただき、３週間後に劇場を押さえていたことを思い出しました。３月11日の震災後、ライブの中止の対応などに日々追われていた中で起きた、本当に単純なミスでした。すでに開催まで1カ月を切っている。何をすればいい？　まだ出演交渉も何もしていない……。

この頃は**「全ライブしっかり運営するのがK‐PROのブランド力」と力んで、勝手にプレッシャーを感じていたので、この状況が情けなくて、ただただ焦りまくっていました。**どんなライブを開催して、誰にオファーするかという案も全く浮かばず、無駄に日にちだけが過ぎていきました。

今なら『緊急開催！　K‐PROネタライブ』とか適当にタイトルをつけてやっちゃおうと、すぐに思いついて動き出せますが、この頃は全てのライブに全身全霊で打ち込んでいたので、そんなことは全く頭にありませんでした（「そのとき手を抜かなかったから、今がある」とも思っています）。

そんなとき、K‐PROを一緒に立ち上げた松本から、「もう、一回諦めないか？　震災のときもなんとか乗り越えられたし、それに比べたらピンチでもなんでもないよ」と言われました。

それを聞いた瞬間、頭がパーッと開けて、「何を悩んでいたんだろう。全然大したことないのに……」と、開き直れたんです。そして、**「どうせ失敗するんだから、赤**

字大歓迎という感じで、やりたいことをやろう」という気持ちになり、以降はワクワクするだけになりました。

ずっと「どこよりも面白いライブにしなければいけない」という考えしか頭になかったので、久々に解放された感じがして、心がすごく楽になれました。

そのときやりたかったのは、「即興ネタライブ」でした。数あるコーナーで一番好きなのが即興ネタで、正直うまくいかないときのほうが多いんですが、お互いの相乗効果で盛り上がったときは、M－1やキングオブコントの決勝でも見られないような爆発的な面白さが生まれ、最高に楽しいんです。

「即興ネタだけのライブがやりたい、しかも実力派ばかりで」

すぐにオファーを開始しました。最初は「即興ネタのみのライブ」として交渉していましたが、そのあと色々考えて、「出演メンバーは少なめにしよう」「ネタも見たいという人も多いので、前半はネタコーナー、後半に即興コーナーの二部構成にしよう」「即興コーナーはくじ引きの運任せで、全員出られなくてもいいから、その分一組あたりの持ち時間を長めにしよう」と、ポンポン決まっていきました。

そして誕生したのが、今ではK－PROの定番となった、漫才師とコント師が5組ずつ登場する『漫才5・コント5』というライブです。仮でつけていた名前のまま開催し、今もこのライブ名で続けています。

　記念すべき一回目の出演者を書いておきます。

『漫才5・コント5　＃1』（2011年5月29日開催）
【漫才】磁石、流れ星、井下好井、エルシャラカーニ、いまぶーむ（現・なすなかにし）
【コント】ザ・ギース、アルコ＆ピース、ラブレターズ、うしろシティ、ジンカーズ

　豪華ですね。ギリギリのオファーだったのによく集まったなあと、当時も思ったことを覚えています。チケットも発売してすぐに完売し、本番も最高に盛り上がりました。今では、よくある構成のライブですが、当時はかなり新鮮な試みでした。このとき閃いて本当によかったです。

　よく「ピンチはチャンス」と言いますが、それは「ピンチを楽しむと、新しい案が浮かぶチャンスが来る」ということだと私は思っています。

　ピンチであることには変わりないけど、ピンチを引きずると追い詰められてしまい、頭が働かなくなります。この状態になるとゲームオーバーなので、そうなるのを避けなければなりません。

とにかくピンチを楽しむこと。反省するのは終わってからで十分です。そこまでの過程を楽しめると、そのときは失敗しても、それを取り返せる案が必ず浮かぶと思うので、ヤバいときこそワクワクしてみましょう。

他業種のやり方も研究して参考にしよう。

私はライブのブッキングをするときの参考に、音楽フェスのラインナップをよく見ます。

音楽フェスは、他ジャンルではありますが、めちゃくちゃ参考になることばかりです。

たとえば、音楽フェスのラインナップを見ていると、今が旬のミュージシャンはもちろんですが、たまに、最近の音楽事情を知らなくても、誰もが皆知ってるベテランのミュージシャンが出ていたりします。

「ベテランの名前は「せっかくチケット買ったならついでに見たいな」とか、「今回行くか迷ってたけど、これだけ豪華なら見に行こうかな」と、行くか悩んでる人への

「決め手」の一つになるんだと思います。

ちなみに、ベテランのビッグネームの方々は、ステージが大中小あるとしたら、中や小のステージに出ることが多いんです。動員力を考えての判断だと思いますが、そのステージの大トリにするなど、メンツを保つ工夫をしているのがわかります。

それらを全て理解して、出演を快諾しているミュージシャンも、その交渉を仕掛ける運営側も、どちらも格好いいなーなどと考えながらタイムテーブルを眺めています。

あと、**若手を思い切って登用するというチャレンジを、特に有名な音楽フェスでは毎年やっていますね。それも見ていて勉強になります。**

多分音楽の世界は、お笑い以上にブッキングが大変だし、勝手なイメージですが、義理や人情も大事にしていると思うんです。業界的に言うと、他に誰が出るかという「並び」に気を遣うとか、色々と考えなきゃいけない部分が多いのではないかなと思います。そんな中で、他のミュージシャンや関係者、毎年来てくれるお客様たちに理解してもらえるような「演出」という形にして、若手を使っているんです。

集客力が変わらずにずっと応援され続ける人なんて、音楽もお笑いもほんの一握りだけで、ほとんどの場合、いつかは集客力が減っていきます。そうなると、その都度、代わりとなる新たなスターが出てくれないと困るわけです。

それがわかっているから、今の旬のアーティストのおかげでお客様が来てくれている間に、若手をどんどん起用して、大舞台に立ってもらって、ステータスを上げていく必要があります。

若手へのオファーは、一つ間違えたら簡単にライブの価値が下がって、次からチケットも売れなくなってしまう可能性も秘めていますが、大きな音楽フェスは、それをやってのける勇気と余裕を持っているんですね。出演するミュージシャンの名前を見るだけで毎回とても勉強になります。

一方、ライブの配信を告知するときは、スポーツの公式の実況アカウントなどを参考にすることが多いです。スポーツ中継は、リアルタイムで進んでいるのと、次に何が起こるかわからないところがお笑いライブと似ているので、盛り上げ方やどこまでネタばらしをするのかなど、学ぶところが沢山あります。

スポーツの公式アカウントは、「興味を持つよそりゃ」と思わせてくれる見せ方をしていることが多いので、片っ端から盗めるところは盗んでいます。

他業種でも成功しているものをよく見て研究して、自分の仕事に当てはめて、真似できることはどんどん取り入れていきましょう。

ノベルティグッズは、お客様の気持ちになって作ろう。

皆さんの会社でも、ノベルティグッズやオリジナルグッズを作ったり……ということはあると思います。K-PROも、クリアファイルなど入場特典グッズや、Tシャツやタオルなどライブで販売するグッズを作ることがあるのですが、何を作るか考える時間は結構楽しくて、毎回ワクワクしています。

特典を考えるときは、チケットを買ってくださった方に、何を渡したら一番喜んでくれるだろうかということを想像して作るようにしています。自分が客としてライブに行くとして、これは欲しいな、これは欲しくないなと考えるのが基本です。そのあと、オリジナル性を考えます。

モグライダーの耐久フェス『モグフェス』では、入場特典として、モグライダー二人の衣装をデザインにしたタンブラー「モグタン」を作りました。これが歴代の数あるグッズの中でも、一番のお気に入りです。入場特典でタンブラーを渡すのは、なかなかないと今でも思います。モグライダーがブレイクした今、モグタンの価値はかなり上がっているんじゃないでしょうか？

ウエストランド井口くんの金太郎飴も作ったことがあります。切っても切っても井口くんが出てくる飴です。

これは芸人さんも食べるだろうと、お客様特典分より多めに、200個作ったところ、思いの外芸人さんが誰も食べずに、かなりの量が余ってしまいました。賞味期限もありますので、それを、そのあとの名古屋「大須演芸場」でのライブで福袋に入れて配っていたら、それが井口くんにバレて、「ちょっと！　在庫処分してるでしょ！」と、めちゃくちゃ文句を言われました。今でもちょくちょく舞台上で言われます(笑)。

ちなみにK-PROでグッズを作るときは、ビジネスマナーとして当然ですが、**必ず事務所に連絡して、「公認」をいただいてから作っています。**せっかくお客様に特典で渡すものですので、公式のものにして、価値をつけたいからです。

特典はグッズだけでなく、映像の特典をつけるときもありますし、年始の一発目のライブで、ライブの無料招待チケットを「お年玉」としてお配りしたこともありました。大人になってもお年玉をもらえたら嬉しいかなと思いまして。どのライブのチケットが当たるかはランダムですが、実際にそれを使用して、初めて知らない若手のライブを見に来て、そこでお目当ての芸人さんが増えたという報告をいただくことがあり、嬉しいなと思っています。今後も楽しみにしていてください。

企画の案が出やすくなる方法、教えます！

「企画の案が出やすい状態」に自分を持っていくために、私が試していることを書いていきたいと思います。

①ベストライブを見返す。

過去のK－PROライブで、評判がよかったライブ映像を見返します。時間がないときや外にいるときは、「当時のライブ写真」や、「お客様のアンケート」を読んで、どんなライブだったかを思い出します。

なぜなら、**「評判のよかったライブ」があるということは、「それを思いついた自分」がいたわけで、「そのときにどうやって思いついたのか？」を思い出そうとすると、気持ちが上がってくるんです。**

「成功体験が大事」とよく言われていますが、まさにそれで、自分がうまくできたときのことを照れずに振り返ることは、すごく大事なことだと思います。

②思いつかなくてもいいやとリラックスする。

気持ちに余裕を持たせて、「今は別に何も思いつかなくても大丈夫」と自分に言い聞かせます。すると、普段なら頭に浮かんだ時点でボツにしてる案も、「今日はこれぐらいでいいか」という気持ちになって、とりあえずノートにメモする余裕ができます。

すると、ノートには「採用はできないレベルだけども、沢山の案」が並びますよね？

それが結構大事で、**自分で思いついたことが沢山書かれているノートを見ると、「これぐらいの案ならいくらでも出せる力がついてるんだ」と、自信に繋がる**んです。

また、使えないと思った案でも、**少し時間を置いてノートを見返したときに、名案のヒントに繋がる**こともよくあります。

③他ジャンルの裏方さんの記事を読む。

自分が裏方の職業ということもあり、私は、演劇やスポーツの広報担当、映画館の方など、各ジャンルの裏方さんの企業努力や、ピンチだったときのインタビュー記事や本を読んで、それを「自分に置き換えてみる」ということをよくやります。

「こんなとき、自分だったらどうしてるかな？」と考えて、頭の中で、成功したり失敗したりを妄想してみるんです。それを繰り返しているうちに、「あれ？　この手法はライブでもできるんじゃないか?」と、自然とお笑いライブに活かせそうな案が浮かんでくることがあります。

そもそも、色々な方の努力や発見を読むだけですごく参考になるので、「スポーツ+ビジネス」「インタビュー+苦労」「ピンチ+脱出」などのワードを度々検索して記事を探して読んでいます。

ただ、注意が一つありまして、**同業者の記事はあまり見ないほうがいい**です。単純に焦ったり、「パクりにならないようにしないと」など、企画案を考えるときに一番邪魔になってくる感情や考えが頭の中を支配してくるからです。アイデアのヒントを探しているときは、同業者の記事はなるべく見ないように気をつけています。

④あえてサボって危機感を覚える。

とにかくサボって別のことをして、どうしようもない状況まで自分を追い込みます。私の場合、都市伝説のYouTubeを見たり、全く関係ないネットの記事を読んだりして、時間をどんどん使います。

すると、「こんなことしていて大丈夫なわけない!」と、頭が勝手に焦り出すので、焦り出したらすぐパソコンに向かって、本来やるべきことを考え出します。人間って不思議で、**いよいよヤバいという状況になると、自然と頭が働き出して、次々といろ**

んな案が浮かんでくるものなんです。それでも浮かばなかったら、「まだ本当は焦っていない証拠」だと思って、また遊びに戻ったりもします。

かなり危険なやり方ですが、これをやると、結構な高確率でいい案が浮かぶんです。

一つ注意しないといけないのは、これをやる場合は、**「自分の仕事スピード」を理解していないと、締め切りに間に合わないということもありえる**ので、「何時までなら本当に大丈夫か？」をしっかり理解しておいてください。

ざっと挙げましたが、自己流とはいえ、同じことを実践している方もいらっしゃるんじゃないかと思います。企画を考えるとき以外でも、意外と使えることも多いはずなので、よろしければ参考にしてみてください。

現在の常識に「?」をつけて考えてみよう。

Ｋ－ＰＲＯもそうですが、今の時代、他と同じことをやっていたら、すぐお客様にバレてしまい、少しずつそっぽを向かれてしまいます。他と同じということは、沢山の中の一つになってしまい、価値は相対的に下がります。**ずっと同じことだけをやっ**

ていていいのは、「それぞれのジャンルの1位だけ」で、それ以外は試行錯誤を続けて、何かないものかと常に考えながら仕掛けていかないといけません。つまり「希少性」がないと、価値が失われていってしまいます。

ここからは「他と違うことをしていきたいけど、どうしたら動き出せるかわからない」という方に向けて書いていきます。

まずほとんどの学校では、「みんなで同じ行動をとること」を最初に学びます。「規律」や「協調性」を教えるためで、どんな行動にも正解が必ずありました。ほとんどの日本人はその教えを受けて、大人になっていきます。でも、「他と違うことを考えよう」「人の真似をするな」「個性を活かせ」という、まさかの教育を受ける学校が日本には存在します。

「お笑い芸人養成所」です。

ここでは、とにかく個性を伸ばすことを一番に教えます。多少規律違反をしても、なんなら授業に一切出なくても、個性的で面白ければ「首席」で卒業できます。でもその教えは当たり前で、たとえば漫才ライブで、みんなが同じようなテンポで同じようなテーマの漫才をやっていたら、いくら一つ一つのボケや技術が高レベルでも、全然面白くないと思います。

「それはお笑いの世界だからだよ」と、思われるかもしれませんが、そんなことはなくて、「他人と違う個性」を必要とする職種というのは結構多いのではないかと思います。

じゃあ**どうすれば「他と違うこと」を考えられるようになるかというと、私のおすすめの方法は、「なんでもかんでも疑問を持つこと」です。**

たとえば私は、「お笑いライブの常識」の一つ一つに疑問を持って、「どこを変えたら他と違うライブになるか？」というのをよく考えていました。たとえばこんな感じです。

①なぜライブの出演料は安くていいの？……誰も決めていない。なので、呼びたい芸人さんがいたら交通費を出してでも呼んだほうがいい。↓大阪芸人さんを呼ぶことができた。

②なぜお笑いをやる劇場は限られているの？……お笑いライブ仕様になっているから。それぞれの専門スタッフがいれば別の劇場でも開催できる。↓大会場でのライブをできるようになった。

③なぜ19時開演なの？……昔からこの時間なだけ。恐らく会社帰りの方に合わせたか、テレビでもゴールデンタイムだからだと思う。↓16時開演と20時開演の二

公演制にしてみたら、売り上げが上がった。

④なぜお笑いのチケット代は安いの？　……最初に作ったお笑いライブが基準になっているから（『東京ビタミン寄席』は当時８００円）。→５００円〜２万円まで、ライブの規模や出演メンバーによって値段を変えた。

⑤なぜメール予約なの？　……チケット会社に手数料を取られない、誰でも開催できるから。→TIGET（チゲット）という電子チケット販売サービスを利用したら、メールの返信も自動でやってくれるようになり、人員削減・時間削減ができた。

こんな感じに、疑問の答えを一つ一つ考えていって、そこからこんなふうに変えられないかと考え、独自のライブ運営形態になっていきました。

この方法は、**今あるものに対して子どものように疑問を持つだけなので、かなり簡単です。**

Ｋ‐ＰＲＯは今では主流だと見られて、様々な部分を真似されたりしていますが、今と同じことを当時やっていたら、突飛すぎて色々言われていたと思います。

少しずつ変えてきて、今があります。**まずは今、目の前にある常識を書いてみて、そこに「?」をつけてみてください。そのあと、自分で理由を書いてみたら、閃くことがある**と思いますよ。

発想の転換のコツ、教えます！

「発想の転換」とは、一度考えて閃いた案の見方を変えることをいいます。

今まで見ていたものを180度変えて別の角度から見てみると、同じものなのに全く別のものに見えることがありますよね。そこに意識を持っていき、色々考えると、自分でもびっくりする案が出ることがあります。

ただ、いざやってみようとしてもなかなか難しいと思うので、私がいつもやっているやり方をいくつかお伝えしましょう。「児島でもできるならやってみるか」みたいな軽い感じで実践していただけたら嬉しいです。

①相手目線で考えてみる。

発想の転換の一番のコツだと思います。「自分以外の人はどう感じているのか？」を熟考してみます。全然お客様が入らないライブの告知文を考えるときや、毎回固定のお客様しか来ていただけないライブの次の展開を考えるときによく使います。**「自分が面白いと思うことと、お客様が望んでいることは違うんだ」と気づくきっかけ**に、毎回なってくれます。

②別の発想と組み合わせてみる。

発想の転換をしようとするときに、**一番邪魔になってくるのが「固定観念」**だと思います。最初に出した案や、今考えてることが正しいいんじゃないかと思いたくなってしまい、結局方針を変えずに進んで、取り返しがつかなくなることってありますよね。ならば、「変えるんじゃなくて、プラスしてみよう！」という考え方です。

今考えた案と、過去に考えて保留しておいた案や、他の業種の成功例などを組み合わせて応用できないかと考えたりして、違った発想を生み出していくという方法です。「**発想の転換」の成功例の話を読むと、ほとんどが「もともとあるアイデア」を参考にして考えたという話ばかり**です。なので、ゼロから新しいことを思いつくのは、本当に奇跡だと思っていたほうがいいです。**色々なものを組み合わせて、自分だけの発想を生み出していきましょう。**

③とにかく沢山考えてみる。

コツというか、結局これしかないと思います。

とにかく「しょうもない案でもいいので大量に案を出す」ということです。いきなり最高の案が出ることとなんてほとんどないので、くだらない案や絶対に使わない案でもいいのでひたすら考えて、紙に書いて見直してください。**十数個絞り出したら、なぜかいくつかよさそうな案が出ているはず**です。出ていなくても、絞り出した案を②で書いたように組み合わせて考えてみたら、かなりのヒントが生まれるかもしれません。

大量に考えるときは、**「むしろ変な案を出してやろう」とか「連想ゲームみたいに繋げていってみよう」などと考えながらやると、楽しく考えられて、しかもいい案が出やすくなる**のでおすすめです。

……参考になりましたでしょうか？　何かを考えるときに、正解のやり方なんてありません。まずは自分が追い詰められない方法で、「アイデアを考えている時間の自分は、一番自由だ」と思いながら考えてみるといいと思います。

最後に、コロナ禍で座席を減らさないといけなかった時期に、K‐PROが考えた発想の転換を一つ書いておきます。

どんなに魅力的なライブを企画しても、人数制限によって満席にすることはできず、半分以下のお客様しか入れることができない……。でも、逆に言えば、「お客様が入らないライブでも、一つ上の劇場でできる」ということになります。つまり、単独ライブでギリギリ100人動員できる芸人さんが、座席数200の会場でライブができるので、**「大きめの劇場でやった実績」が作れた**のです。

しかも若手は出演料も抑えられますし、彼らに実績を作る先行投資期間だと考えたら、コロナ禍の追い詰められた状況を楽しむことができました。**少し発想を変えただけで、ワクワクしてきます**よね。是非参考にしてみてください！

アイデアが思い浮かぶ環境やタイミングを自覚しておこう。

うちのスタッフ以外の方に、たまに「これって何のためにやってるんですか？」と聞かれることがあります。たとえば、「事務所があるのに、近くの喫茶店で作業する」「事務所から『ナルゲキ』まで徒歩3分のところを、15分かけて行く」「横浜に倉庫を借りて、月に数回荷物を置きに行く」などです。

これらの行動は全て、私的に「頭が働く」「いい案が浮かびやすい」からなんですが、その関係性をパッと説明できないですし、こうして文字にしてみたら、自分でも「何を言ってるんだろう？」と思ってしまいます。

でも、必要な行動なんです。

お笑いライブ運営は、最終的に「ライブ案をどれだけ出せるか」で決まります。ライブ案が浮かぶために必要な行動は実際にありますし、立派な理由だと思うんですが、税理士さんと話したりすると、「こちらのほうが効率的だと思いますが、どうですか？」と言われてしまいます。

先日は、会社を大きくするために、今の事務所を引っ越して、しっかりとしたオフィスに移動することを提案されました。でも、客観的に見てもうまくいっていることが多いので、動くのは今じゃないなと感じているんですが、それを税理士さんに納得してもらえるように、うまく説明するのは難しいんですね。

正直、枕一つ変えるのも怖いときもあるんです。それが引っ越しとなると、かなり決意が必要で、環境が変わった途端、ライブの案が全く出なくなったらどうしよう……という恐怖感がすごいんです。

結局思い込みなんでしょうが、**自分が集中できる環境や行動は、できるだけ死守したい**と思います。最後に、私の「案が浮かびやすいタイミング」を思いつくだけ書いてみますね。皆様もよかったら書き出してみてください。

- 朝、目覚めがよくて、目覚ましのアラームより1時間以上早く起きたときの布団の中。

・早朝4〜6時の時間帯に、YouTubeを流し見しながら作業しているとき。
・お風呂の湯船に浸かっているとき。
・事務所のベランダで空を見上げているとき。
・「北沢タウンホール」や「座・高円寺」などの劇場での本番前、スタッフ待機場所で、ある程度準備が終わって時間があるとき。
・「ナルゲキ」の調光室の中。
・昔の雑誌など、自分のお笑いコレクションを眺めているとき。
・何年も前のお客様アンケートを見返しているとき。
・事務所近くの神社の端っこでボーッと立っているとき。
・「ナルゲキ」近くの「サンマルクカフェ」の、奥のスペースのカウンター席。
・コーヒーを飲みながら、ブラックブラックガムを嚙んでいるとき。
・パーキングの休憩所。
・K-PRO以外のライブを見ているとき（単独ライブや、大阪でライブを見ているときは、めちゃくちゃ案が浮かんできて、ライブの内容が頭に入ってこないことがあります）。

共感できるという方がいらっしゃったら嬉しいです。

第3章

K-PRO流
笑って稼ぐ仕事術
マネジメント編

「共通の目標」を提示して結束力を高めよう。

K‐PROは定期的に「キャパが大きい会場」や「お笑いライブをあまり開催しない場所」でライブを打たせていただいています。もちろん「K‐PROを大きくするため」「売り上げを上げるため」なのですが、もう一つ、「スタッフが一丸となるため」としてやっている部分もあります。

極論かもしれませんが、あとから入った社員よりも創業者のほうが「会社を大きくしたい」という気持ちは強いです。今、即戦力となって活躍してくれている社員も、最初は全員「興味があったので」とか「将来放送作家になるための勉強として」などと、会社全体のことではなくて、自分のことだけを考えて入ってきました。それが普通だし、自分が何をしたいのか言ってくれたほうがありがたいです。

でも会社を大きくするには、起業した仲間だけでは限界があります。社員の力が必要になってくるときが必ずきます。**もう一つ上に行くには、周りの人の助けが必要になります。そのためにも、社員のレベルアップを考えなければいけません。**

そこで必要になってくるのが、**「共通の目標」**です。

Ｋ‐ＰＲＯでも新人のスタッフには、目標を一つ提示して「まずはこれができるように頑張ろう」と伝えるようにしています。たとえばＫ‐ＰＲＯの場合、ある程度仕事を覚えてくると「ライブの裏方というのは毎回同じことの繰り返しだな」と、だんだんわかってきます。その時期になると、同じぐらいのレベルのスタッフたちを集めて、「次は社員がいない状況でもライブを回せるようにしよう！」と言います。すると、「それまで以上に頑張るスタッフ」と、そう言われた途端に「ライブ運営の難しさ」を感じて、「指示通りにやるだけじゃダメなんだ……」と辞めていくスタッフに分かれます。

この通過儀礼を体験して、より頑張ることができるスタッフは、それまで以上に頼もしいスタッフに成長しますし、これを**一緒に乗り越えたスタッフは、めちゃめちゃいいチームになります。**

こんな感じに、**共通の目標に対して立ち向かう状況をつくれば、スタッフ同士の結束力が高まり、これを繰り返すことでどんどん会社運営も楽になっていきます。**

Ｋ‐ＰＲＯはありがたいことに、「キャパの大きな会場でのスペシャルライブを成功させよう」「地方でライブをやってみよう」などと、具体的な大きな目標を立てることが、簡単にできる会社です。これらの目標を一つずつクリアしていく度に結束力は高まっていきます。

また、「会社が大きくなれば、自分も楽になるんだ」とか「会社を利用したらやりたかった仕事ができるかも」と気づいてくるスタッフも多くなってきて、「もっと大きなライブを打ちたい」「今までにないジャンルの仕事をK-PROでやりたい」など提案してくれるようになりました。**自分で考えて提案してきてくれるのは何よりもレベルアップしている証拠なので、とても嬉しいです。**

なので、目標を持つこと、持たせることは、大小関係なくすごく大事なことだと思います。

ただ、**一つ気をつけないといけないのは、「目標の立て方と間隔」で、ここを間違えるとかなり効果が薄れます。**

ライブでたとえると、客席数が70~100席程度の「新宿バティオス」や「ハイジアV-1」で続けてきて、初めて約250席の「座・高円寺」でスペシャルライブを開催するとなったら、申し分ない目標になりますよね？　でも、その次のライブを「前回背伸びをして『座・高円寺』にしたから、次の会場は『バティオス』に戻そう」となったら、使い慣れた場所ということもあり、スタッフもなかなか目標に向かいづらくなります。

また、スペシャルライブの間隔を空けすぎて、年に一回とか半年に一回にしてしまうと、せっかくレベルアップしたスキルを忘れてしまうということも出てきます。

他の団体や他のジャンルでもそうですが、この辺りを考えていない興行団体が多くて、もったいないなあと思うときがあります。

会場を大きくしつつ、短いスパンで定期的にスペシャルライブを開催することが難しい場合は、普段お笑いライブをやらない会場でやるとか、小さめの会場で3日連続公演をするとか、注目してくれるお客様を増やして、**スタッフのモチベーションを上げさせるようなプランニングが必要**です。

リスクがあるのはわかりますが、**リスクのない目標には誰もついてこない**ので、覚悟を決めてチャレンジしていくようにしましょう。

一緒に働くメンバーをよく見て、小さな変化にも気づいてあげよう。

テレビの世界で「●●さんと◎◎さんは共演NG」という話がよくネットで噂され

ていますよね。ほとんどが都市伝説みたいなものですが、ライブの世界でも、実はあります。

理由は様々で、「ケンカしたので、同じライブに出たくない」という単純な理由もあれば、「お笑いの感覚が合わない」と格好いい（？）理由もあります。解散してバラバラになったコンビが共演を避けたがるケースもあります。

主催者はそれらを考慮して出演オファーをしなければいけないのですが、お笑いライブ業界ではよっぽどのことがない限り、「●●さんとは共演NG」ということを芸人さん側からはあまり言ってきません。「あの芸人が嫌いって言ったら、自分が嫌なやつとか、小さいやつだと思われるから言えない」ってところがあるみたいです。

なので、**こっちが判断するしかないんです。こちらから気づいてあげないといけません。**舞台上の立ち振る舞いや楽屋での会話、SNSでの意味深なコメント……と、色々なところにヒントは沢山あります。しっかりチェックしたら、誰が誰を苦手としているかがわかってくるはずです。

これはお笑い界に限ったことではありません。どんな仕事でも、チームを組んでする仕事の場合、**仲間や部下がどういう人なのか、**もっと言うと**「何をされたときに嫌そうな顔をするのか？」**をチェックしておくことが大事だと思います。意識してよく観察すると、「テンションが下がっているな」とか、「部署内で居づらそうにしているかも?」などと、びっくりするぐらいわかるようになります。

そして**「今日すごくしんどそうだけど、何かあった?」と声をかけてあげると、「気づきましたか? うわ〜すいません。実は……」と、相手もようやく相談してきてくれます。**まずは、気づいてあげることが大切です。

もう一つ、お笑いのライブの世界では、共演NGとまではいかないですが、なんの脈絡もなく「愛のないむちゃブリ」をしてくるMCを苦手とする芸人さんは多いです。ライブの流れを無視した、信頼関係も築けていない相手からの「愛のないむちゃブリ」は、スベる可能性が高いのでされたくないんです。

10年以上前になりますが、うちのライブでずっとMCをお願いしていた方がいました。その方は、毎回ライブのエンディングで、その日活躍した芸人さんと、ランダムで選んだ一〜二人で、「即興コント」を強引にやらせるのが恒例でした。無作為に選ばれた芸人さんたちは「俺かい!」「いやいや、他にいるだろ!」と言って舞台に出てきて、お客様もその時点では盛り上がるのですが、即興コント自体はスベることが多かったんですね。それでもお客様は大満足されていましたし、私も毎回楽しみで、MCの方に感謝していました。

そのライブのMCを交代することになったところ、他の芸人さんたちから、
「よかった、あのむちゃブリがなくなる！」
「あれは本当に地獄。エンディングに出るのが毎回苦痛だった」
と、堰を切ったように長年沢山溜まっていたものを吐き出されました。

恥ずかしながら、私はそのときに初めて気づいたんですね。あのくだり、芸人さんたちはみんな嫌だったんだ……と。それに気づかずに数年やっていたのかと思うと、今でも本当に恥ずかしいです。同時に、「舞台上ではプロとして受け入れる」という芸人魂に、心底感服しました。

この件以降、芸人さんを普段からしっかり見て、嫌な気持ちになっていないかこちらから気づいてあげないと！　と思うようになりました。気づくためのコツは、舞台でも楽屋でも**「今の、自分がやられたら嫌かな？」と自問自答しながら観察し、「自分だったら今のはしんどいなあ」とか、「自分があの状況になったら主催者になんて思うだろう」などと考えること**です。

一緒に働くメンバーをしっかり見て、小さな変化にも気づいてあげるということは、どんな職業の方でもすごく大切なことだと思います。

新人には業界用語を使わず、苦手意識を持たせない。

新型コロナ以降、配信という新たなライブの楽しみ方が増えましたが、スタッフにはその分の作業が増えました。今までなかった作業が増えるのは、それまでの時間の使い方・考え方をごっそり変えなければいけないため、かなり苦労します。

また基本生配信なので、常にネット環境の状態をチェックしなければいけないのもすごく大変です。配信が増えたことによって、今まで会場のお客様を楽しませることに集中していたものが、同時に配信のお客様のことも考えなくてはいけなくなり、そのプレッシャーに慣れるにはかなりの時間が必要になります。

そんな中、かなり助かっているのが「新人スタッフ」の頑張りです。

新人には、最初から「この環境が当たり前」なんだという教え方をしていて、いきなり配信の機材の設置やカメラワークをやってもらっています。前からいるスタッフは、急に増えた機材だったり、今までと変わった運営形態に戸惑っている部分がありますが、新人スタッフは「来たときからこの環境」なので、すんなり馴染んでくれていて頼もしいです。

どんな職業でも、**新人スタッフに何かを教えるときに、一番気をつけなくてはいけないのは、苦手意識を持たせないことだと思います。そのためにも最初のうちは絶対に「大変」だとか「難しい」という少しでも身構えさせるような言葉は一切使わないようにして、むしろ「簡単でしょ?」「たったこれだけ」と言った安心させることばかり言うようにしています。**実際、ほとんどのことは慣れてしまえば簡単なんですよね。

新人に「難しい」「大変」と思わせないようにするには結構注意が必要で、たとえば**「業界用語」も、なるべく使わないほうがいいと思います。**私も10代の頃、演劇の制作チームにふらっと参加したとき、業界用語が飛び交う現場にものすごい恐怖を覚えたことがあります。どの職場にもそれぞれの業界用語があると思いますが、無駄に多用する人っていますよね。私の場合、特に新人がいる前では業界用語をなるべく使わずに、意識して誰にでも伝わる言葉で話すようにしています。

せっかくスタッフとして入ってくれたのだから、毎日楽しんで働いてほしいですし、そのためにも嫌だと感じる部分はなくしていきたいと思っています。

実際、**「楽しいとモチベーションは上がる」ので、みんなすごくいい働きを見せてくれますよ。**新人スタッフには「苦手意識」を持たせずに、仕事を楽しませることを考えましょう。あとは背中を見せていれば大丈夫です！

先輩より、まずは若手や新人を動かそう。

2020年7月に、K-PRO所属芸人、通称「牧場メンバー」が、収益80万円を目標に、毎日無観客配信ライブを開催する『牧場ジャンボリー』という企画を行いました。新型コロナのせいで、5月末時点のK-PROの赤字は1000万円を超えていて、売り上げで言えば4000万円失っているという状況でした。

全ライブ配信が終了して、その収益の結果は……なんと、126万2000円でした！

プラス46万円と、**目標金額を遥かに上回る、すごい結果になりました。**正直、当初の目標額の80万円も難しいと思っていた方がほとんどだったと思います。できたばかりの事務所、世間的には全員無名で、ファンの数も知名度もまだまだ。そんな中、配信だけで一公演あたり約3万円の売り上げを出さなくてはいけないというのは、めちゃめちゃ難しかったと思います。そこを所属芸人が一丸となって、絶対に目標金額を達成すると、今までにないぐらいみんなで告知を頑張ってくれた結果です。本当にありがたいですし、この結果は事務所として頼もしいです。

所属芸人のみんなのおかげで大成功に終わった『ジャンボリー』でしたが、成功に向かわせるためには、主催者側としても頭を使いました。まず、今回の配信ライブについて、Zoomで所属芸人全員に企画の説明をしたときに、一つだけ意識して話そうと考えて、伝えたことがありました。

それは、**年長者より若手芸人の心を動かそう**ということです。

芸歴をある程度積んでいる年長組は、事務所より自分たちのことを一番に考えています。これは芸人人生でそれぞれが色々な事務所を経験し、その中で揉まれてきた結果なので、当然のことですし、事務所側の目線でもそちらのほうがありがたいこともあります。なぜなら、芸歴を積めば積むほどどんどん受けられるオーディションなどが少なくなってくるわけで、「事務所は利用するだけ」ぐらいの気持ちがないと、自分たちで仕事を取ってきたりする動きができなくなるからです。もう少し言うと、多少シビアな関係じゃないと、意見を持っている年長者との話し合いはこじれる原因に

なりかねません。

愛情を持たれることは嬉しいですが、心中する気で向き合う気がないのであれば、小さい事務所こそビジネス面もしっかり話し合わないとすぐ揉め事になってしまいます。よく話したり一緒にご飯に行ったりするのは年長組なので、全てにおいてシビアというわけではないですが、**仕事面では、年長組にこそ「現実をしっかり伝えて、その上で協力、応援する」ことが大事になってきます。**

そんな年長組に、『ジャンボリー』のような企画を全力でやってもらうにはコツが必要です。

年長組には今まで培ってきた分のプライドがあります。やりたいことにも自信を持っていますし、それが間違いだとこちらが判断しても、本人を納得させるのは、すごく労力が必要になります。年長組と揉めるのは、かなりコスパが悪いんですね。

じゃあどうすればいいかと言いますと、**「下からの追い上げ」がベスト**です。**「先輩は後輩に抜かれるのが一番嫌」なのはどこの世界も一緒です。なので、まずは若手を鼓舞して、若手に結果を出させる**ことを考えました。そこで、『ジャンボリー』では、その年の2月に所属したばかりの4組による「新人だけのライブ」を最初にやりました。

その結果、新人たちがそれぞれ頑張ってくれたおかげで、なんと目標額の倍近く売り上げてくれました。その額を見て先輩芸人たちにも火がついて、その後のライブもどんどんチケットが売れていきました。

「最初に新人にやられたら、負けていられないと思った」と年長組の先輩芸人も言っていました。年長組を動かすには、直接的より間接的にやる気を出させる状況にすることが大事です。他の場面でも有効だと思うので是非参考にしてください。

また、毎日『牧場ジャンボリー80万円への道』という配信番組を、YouTubeの牧場チャンネルで配信したのですが、その中で、所属芸人の許可を得て「毎日各ライブの売り上げ」を視聴者の皆様に発表しました。この配信、実は所属芸人に向けての意味合いも強くて、**毎回金額を発表されるというプレッシャーと、「この芸人のライブには負けたくない」という競争心を持たせることができました。**

「やる気を出させる」「目標を明確にする」ことを皆で共有するのは、どんなプロジェクトでも大事だと思います。

多分、この企画で、牧場メンバーたちは**ライブ運営に関しての知識と戦い方を相当経験できたと思います。これは今後も活きてくる能力なので、この機会にみんなが学んでくれたのはすごくよかったです。**

これだけの成功をしてくれたので、次はこちらから所属芸人に恩返しをする番ということで、ライブ配信をしてくれたメンバーに、「K－PROが押さえている劇場の枠を無料で貸して、そこでもう一度ライブをやって、売り上げをあげてほしい」ということを提案しました。配信ライブで売り上げを出すということを実践形式で覚えてくれたので、その能力をさらに強くする意味でも、今度こそ自分のために売り上げを出してほしいと思ったからです。

K－PRO牧場は、続々と新しい芸人が所属してくれて、どんどんパワーアップしています。芸人事務所としてのK－PROにも是非注目していただきたいです。

うちの所属芸人がテレビなどの収録に行くと、その度に、「K－PROさんの所属は教育が行き届いてる」「挨拶が気持ちよい」と言われることが多く、そのことがとても嬉しいです。

先日も、ある番組に芸歴10年目になる所属芸人のスイッチヒッターを呼んでもらったんですが、「腰が低くて見た目も若いから、芸歴1年目かと思いました」と言われました。

それぐらい、うちの所属芸人は、色々な現場で評判がいいんです。

K－PRO所属芸人だけでなく、うちの劇場に出てくれている芸人さんが初めて収録に行くという報告を受けたときには、毎回**「挨拶だけはしっかりね！」と言っています。**

挨拶は、どんな職業でも必要な基本的なことですが、本当にそれだけで印象が違いますし、業界には意外と挨拶ができない人が多いので、必ずそこを見てくれている人はいるから、「うるさいと注意されるまでは、元気よくがんがん挨拶しておいで」と言っています。

どんな職業でも仕事の現場の雰囲気にのまれたりして、挨拶の声が小さくなることは多いかもしれませんが、挨拶だけはしっかりやろうと意識して実行すると、好印象を残すことができると思います。

失敗するのは仕方ない。でも、同じ失敗を繰り返すのはダメ。

「人の噂も七十五日」ということわざがあります。一応説明しますと、「世間の噂は長くは続かないもの。しばらくすれば忘れられるよ」という意味です。

これだけ情報が日々溢れるぐらい入ってくる時代なので、多分今は75日もかからないどころか、3日もあれば次の話題が出てきて、忘れ去られてしまうと思います。仕事のミスもそうですし、SNSでの失言や友人との喧嘩なども、みんなすぐに忘れてくれます。

こう考えるようになってからは、**スタッフがライブで失敗したとき、現場では怒りますが、「後々にひきずる必要はないよ」と言うようにしています。**「ひきずっても、誰も覚えていないんじゃ、ひきずっていても仕方ないでしょ」ってことですね。一番反省して落ち込んでいるのはミスをした本人だとわかっているので、その場で注意をしたら、そのあと怒り続けるということはしないようにしています。

だからといって、ミスをしても大丈夫というわけではありません。

気をつけないといけないのは、「同じミスを繰り返すこと」です。 **その理由は、せっかく忘れてくれた（許してくれた）ことを、また思い出すからです。** **すると、今回のミスの分に加えて、「最初のミスしたときの記憶」も重なるので、「より強い不信感」を持たれることになってしまいます。**「本当に反省しているのか？」という気持ちが生まれるわけです。

一回目の失敗は許されて忘れてもらえるけど、**二回目があると人はなかなか忘れま**

せん。それはすなわち、「信用を失う」ということになります。さらに現代は、失敗をするとネット上に前回のミスのデータが残っていることも多く、同じミスをすると記憶と共に前回の証拠も突きつけられて、より悪い印象がついてしまいます。

「二度あることは三度ある」という言葉を、私も何度も言われましたし、自分でも使いました。

このことわざってプレッシャーがエグくないですか？　プレッシャーのせいで三度目のミスをしちゃうと思うぐらい怖いです。

ちなみにＫ‐ＰＲＯでは**「二回同じミスをしたら、どんな理由でも次は別の人に変える」**と決めています。信用問題に関わるからです。

２０１９年のキングオブコント準々決勝で、ゾフィーの上田（航平）さんから、「腹話術人形のふくちゃんを使った記者会見コントの音響をやってほしい」とＫ‐ＰＲＯに依頼がきました。

同じネタの音響をライブでやったことがあるという理由で、スタッフの一人にお願いして行かせたんですが、準々決勝でミスをしてしまったんです。

キングオブコントは、コント師にとって人生をかけている場です。そこでの失敗は、ありえないと言っていいぐらいの、取り返しのつかないミスでした。そのスタッフから連絡が来たときは、「まず謝罪して。許してもらえなくても謝罪して。あとのことはそれからだよ」と言いました。

結果ゾフィーは、ネタの力でミスをものともせず準決勝に進出しましたが、結果が出るまで本当に怖かったです。その後、私からも謝罪をしたところ、上田さんから「いえいえ。それよりも次も是非お願いしますね！」と言っていただけました。

あとで聞いたらそのスタッフにも「気にしなくて大丈夫！ 影響はなかったから。それより準決勝に行ったらまたお願いします！」と言ってくださったそうです。

そして迎えた準決勝。音響スタッフは……変えませんでした。本人もすごくやる気でしたし、信じて送り出しました。

結果から言いますと、なんと準決勝でも失敗しました。ただし、前回とは違い、失敗の理由は機材トラブルでした。つまりは運営側のミスになります。でも、**この世界ではたとえ自分に非がなくても、ミスはミスなんです。どんな理由だろうとも、芸人さんとお客様には関係ないんですね。見ている側にミスと判断されたら、何を言ってもダメなんです。**

幸いなことにミスも準々決勝ほどではなく、見事決勝進出となりました。ゾフィーのお二人もミスの理由をわかってくれて、またスタッフを慰めてくれたんですが、そのスタッフには申し訳ないけれど、決勝の音響のオペレーターは私が代わりに行きました（私は、審査委員長の松本人志さんが金髪になる前の２０１１年から毎年、キングオブコントの音響照明のオペレーターとして参加させていただいているので、慣れているのです）。

さっきも書いた通り、どんな理由だろうとも二回ミスしたらＫ－ＰＲＯは外します。正直、少なくともゾフィーからこのスタッフにキングオブコントでの指名は二度とこないと思います。同じミスは記憶に残るからです。嫌な記憶が残る中で、ネタを披露するのはどんな芸人さんでも嫌だと思います。

もちろん、その**スタッフの心のケアは時間をかけて行いました。**音響照明のミスって、かなり凹むんです。そして忘れないんです。毎回、音響や照明を担当する際に、失敗したときと同じようなきっかけがあったり、なんなら同じネタに対応しないといけなかったりするので、思い出す瞬間が多々あるからです。

以前、スタッフが音響ミスをした動画を、芸人さんにＳＮＳに上げられて、それがショックで、そのあとそのスタッフは音響ブースに行くと手が震えてしまい、オペレーションができなくなってしまったということがありました。お笑いの現場にいるのだから、スタッフ側にも笑って済ませるぐらいの度胸が必要だと言われるかもしれませんし、たしかにその免疫が必要な職場ではありますが、このときばかりはその芸人さんに抗議をしました。まず、無断で動画が載せられていたので、そこが一番許せなかったです。

ミスをするのは仕方ないことですし、ミスをしたスタッフがトラウマにならないように配慮することも大切ですが、**同じミスは二度としないように、一度ミスしたことはしっかり対策を練っておくということが必要です。**

ちなみに「人の噂も三日」というのは失敗だけでなく、大成功もそうで、めちゃめちゃ評判のよいライブをしても、3日も経てば忘れられます。**いつまでも成功の余韻に浸っていてはダメで、終わったら次に向かって走り出さないと、少しでも止まっていたらどんなに感動してくれていたお客様でも気持ちが離れてしまいます。**今の時代、3日で忘れてしまうのは仕方のないことなので、体験して感動していただいたものを思い出してもらえるように、こちらも動かないといけないんですね。

「あの面白かったライブをやったK-PROなんだから、次のライブも面白いはず」と思っていただけたときに、前のライブのことを思い出してもらえるので、面白いライブを繰り返し送り出し続けていくことが大切です。

辞めたい人からの相談を受けたら……。

後輩や部下から「会社を辞めたい」という相談を受けたことがある人は、少なくないと思います。

2月から3月あたりは、芸人を辞めたり、解散を決めるコンビが多い時期です。雰囲気が暗い芸人さんに「何かあった?」と声をかけたら、「実は、解散することになりまして……」と言われることもよくあります。年末に一度解散を考えて、コンビ同士で話し合って「あと1年はやろうか」となるけれど、1カ月やってみて、「やっぱり解散しよう」となることが多いようです。

相方に内緒で勝手に就職活動して、4月に入社することが決まってから報告して解散というパターンも結構あります。

K-PRO所属の芸人から解散の連絡があるとやっぱり辛いです。せっかく劇場を作ったのだし、所属芸人には「持ち劇場がある事務所」という特権を喜んでもらいたいという気持ちは強いです。だから前向きに頑張ってほしいのですが、なかなか難しいみたいです。

解散は、周りからしたら「なんで今なの？」「もったいないよ」と見えるコンビが多いです。考え抜いた上で本人たちが決めたことだと思うので、解散の話をされた時点で、まずは尊重したいなと思って聞いていますが、私は、一度は止めるようにしています。実際何十組も解散を止めてきました。

「児島さんの判断に任せよう」という気持ちで話しに来てくれる芸人さんも多く、考え直してくれるコンビも結構います。

止める理由は一つで、「後悔してほしくないから」です。でも、止めることが正解かはわかりません。止めたあともしんどそうにしてるコンビはいますので……（「大丈夫？」と声はかけるようにしています）。

もちろん解散を止めて感謝をされることもあります。解散の相談に来て、私が解散を止めた年に売れたコンビがいて、そのコンビはいまだに「感謝してます」と言い続けてくれています。

本当に正解がわからない、難しい問題です。立場的に最初に相談されることも多いので、私も毎回真剣です。芸人さんにとって、人生を大きく変える相談事なので、真剣に、将来や二人の関係性も見て、意見を言うようにしています。

先日相談されたコンビには、「とにかく結果がでないのが辛い」「オーディションにネタを持っていっても受かる気がしない」「まだお笑いは続けたいけど、このコンビでは限界だと思う」と言われました。

私は、「番組の結果を気にするのはよくない。自分で面白いと思っているかどうかが大事だよ」「限界と言えるぐらい本当にやってみた？　もっと頑張ってる芸人が周りにいない？　その人たちと同じぐらいやってみてからじゃない？」「私は、今やってるネタのかたちは面白いと思うよ」と言って止めました。

相談が初めてだったのと、コンビの一人は続けたがっていたからです。結局、解散を考え直して、意気揚々と帰っていきました。

私が言ったセリフで、一番の決め手になったのはどれかわかりますか？

正解は、「ネタ面白いよ」です。

ウエストランド井口くんが、「ファンの方の一言で解散を思い止まることもあるんだから」とよく言っていますが、それは本当にそうで、解散を考えている芸人さんは、大体が自分の価値を見失ったり、自信を失ったりしていることが多いです。

なので、「面白い」とか「また見たい」と思った芸人さんがいたら、是非気持ちを届けてほしいです。本当に一言で変わりますし、そこからどんどん面白いネタを生み出してくれるようになるはずです。

「そんな自信のない芸人は結局売れないよ」と思う方もいるかもしれませんが、**褒めることで自信を取り戻して、ネタのカタチを変えて、現在ブレイクしている芸人を、私は何組も見てきています。**

ずっと一緒に働きたいと思っている部下や同僚が「自信を喪失しているな」「会社を辞めたいと思っているんじゃないかな」と感じたときは、その人の優れた部分を直接本人に伝えてあげると、元気とやる気を取り戻してくれるかもしれません。

スムーズな世代交代に必要なのは、先輩との交流。

K-PROは「世代交代」を一番大事にしてきました。

お笑い芸人は一生できる職業です。漫才やコントは解散するまでできるし、舞台がある限り出続けるものだと思いますが、こと吉本興業以外の事務所に所属している芸人さんに関しては、**「あくまでライブは若手のうちに出るもの」という認識があり、ある程度の芸歴になると、ライブの出演数を減らしたり、ライブに対する熱量が減っ**

てくる方も多いんです。

なので、寄席と違って、定期的に若手に切り替えていかないと、出てくれる芸人さんが減ってしまってライブが成り立たなくなってしまうんですね。

2008年頃、上記の理由もあり、当時若手の中心世代だった「オンバト〜初期M‐1世代」ばかりに頼っていたらダメだ、若手に力を入れないと！と思い、『若武者』や22歳以下のバトルライブ『レジスタリーグ！』といった若手が出演するライブを立て続けにスタートさせました。

そこから、うしろシティやラブレターズ、三四郎などが出てきて、だんだんとライブの中心メンバーになっていきました。

その後もモグライダーやヤーレンズ、ハナコやトンツカタンなど、次から次に上の世代に代わる新世代が登場しては、ライブのクオリティを下げることなく、世代交代がうまくいっていたと思います。

しかし昨年、ストレッチーズやまんじゅう大帝国など、今のK‐PROライブの中心メンバーたちから「このところ世代交代がうまくいっていないのではないか」という声があがったのです。

色々考えましたが、今までのやり方が通用しなくなったというわけではなく、やはり「コロナ禍」の弊害があったように思います。

ちょうど世代が入れ替わるため、先輩・後輩の交流をしながら、徐々にシフトチェンジしていこうという本当に一番大事な時期に、コロナ禍になってしまい、約4カ月もの間ライブができなくなってしまいました。

この時期に、**貴重な先輩たちのレベルを肌で感じる機会を経験させてあげられなかったことや、今まで見続けてくれていたお客様に、新世代のお披露目をしながら受け入れていただくという歴代の流れができなくなり、そこが現中心メンバーから見たら物足りなくなっている**部分なんだと思います。

今の世代のレベルが低いわけではなく、むしろ基礎レベルはかなり高い若手ばかりです。

私もその新世代のパワーを信じて、先輩芸人たちとの交流なしで大丈夫だろうと考えていました。でも、通常のライブのレベルとしてはそれでいいかもしれないですが、**「K-PROライブとしての合格ライン」に達するには、やはり先輩たちの手助けが必要だったかも……**と、今の劇場のメンバーから言われて気がつきました。

やっぱり、K-PROライブの盛り上げ方を、先輩たちから舞台上で感じてほしい。

そのために、OB世代と絡めるライブをできるだけ増やして、もう一度しっかりバトンタッチができる場所を作るよう動いていきました。

コロナ禍でリモート勤務が増えた会社も多いかと思いますが、**どんな仕事でも、若手を成長させてスムーズな世代交代をするために、先輩との交流は有効**なはずです。

年間スケジュールを頭に入れて動けるようにしよう。

K‐PROは、大まかな年間スケジュールを作って、その流れに沿って、大体のイベントを決めています。そして、この年間スケジュールは、社員や2年以上いるスタッフ全員の頭の中にしっかりと入っています。

最近は、若手の社員たちも、それぞれがイベントを企画して打ち合わせに行ったり、楽屋で芸人さんから依頼されたりして、仕事を生み出してきてくれます。そのときに、**全員の頭の中に年間スケジュールがあるので、「5月中旬は別の大きなイベントがあるから、準備ができないかも」などとすぐに考えて、その仕事を受けるか断るかの判断をします。**

そして「5月のその時期は難しい」とお答えしたときに、相手の方から、「では、6月か7月はいかがでしょうか?」と提案していただいた場合も、また瞬時に頭の中の年間スケジュール表を思い出して、その仕事を受けられるかどうかを決めるんです。

イベント業は本当にナマモノで、**ちょっと戸惑っていたら、すぐに内容が変わったり、場合によっては消滅したりします。なので、即決の判断が必要**なんですね。

このように、**年間のスケジュールが共有されて、各々のスタッフの頭に入っているというのはとても重要**です。

以前、K‐PROのオンラインサロンのブログに、「1年間下積みをしてくれたら誰でもK‐PROの社員になれます」といったことを書きました。

これは、1年間通い続けられるかの、いわば根性面だったり、舞台制作という特殊な職種のスキルを身につけてもらうための期間になりますが、もう一つは、**1年を通して、「K‐PROが毎年どんなスケジュールで動いているか?」を、体感で覚えてもらうため**でもあります。

1年だけだと、翌年そのときが来るまでわからないことも多いですが、「あ、この時期はたしか去年もバタバタしてたなあ」と感じてもらえるだけですごく助かります。

どれだけ大変だったか、準備にどのくらい時間がかかるかを、頭と身体で思い出し

てくれるだけで、かなりの戦力になるんです。

ちなみに、芸人さんに空きが出やすいのは2月と9月と言われていたりとか、1〜3月はR－1、6〜9月はキングオブコント、10〜12月はM－1のシーズンだとか、お笑い界全体の年間スケジュールも頭に入れておくと、出演交渉をする際にも動きやすくなります。

今の時代、一寸先は何が起こるかわからないので、なかなか先のことは決めにくいですが、せめて**ざっくりとしたスケジュールだけでも頭に入れておくと、仕事の効率は格段に上がる**と思います。

これはお笑いライブだけではなく、どの仕事も同じだと思うので、是非実践してみてください。

身だしなみと姿勢、圧の強さに気をつけよう。

若手芸人に「ネタ、どうでしたか？」とダメ出しを求められることがよくあります。

基本私は、思ったことを正直に伝えるようにしています。

「私なんかが何も言えないよ」と、断っていた時期もありますが、若手芸人からしたら、こんな私の意見でも参考にしたいでしょうし、聞かれたらちゃんと答えるようにしています。

意見を言う際、ボケやツッコミのワード、設定などに関しては、ネタを作った芸人さんが一番面白いと思って決めている部分なので一切何も言わないです。

ただ、見ていて、「このネタのここが見せたいんだろうけど、あまり伝わってないな」と思うところがあれば知らせています。ネタの中身に関して言うのは、そのぐらいです。

それよりも、動き方や佇まい、そして衣装などの、ネタ以外の部分が私はすごく気になるので、そこに関してはきちんと言うようにしています。

このとき参考になるのは、すでに売れていたり、爆笑を取っている芸人さんたちです。**人気のある芸人さんは、皆さんもれなく舞台上の立ち姿がきれいで、清潔感があります。**

見た目が汚かったり、立ち姿や動きがだらしなかったりすると、そこばかり目についてしまい、ネタに集中できないということがありますよね。そこの大事さがわからずに、「僕ら衣装とか、なんでもいいんですよ」という若手は結構多いです。

そういう若手たちには、衣装や姿勢について細かく言うようにしています。

よくライブで、「児島さんに衣装や髪型変えろって言われて、その通りにしたらファンが増えた」みたいなことを言われることがありますが、それは、基本的な身だしなみの部分を直してもらっているだけで、私に特別な能力があるというわけではないです。

舞台映えは本当に大事で、多分それだけで2、3割は笑いの量も変わると思います。

この辺りのことをダメ出しできるのは、すべて長年の経験のおかげです。ライブの仕事をずっとやってきて、先輩芸人たちの「成功例」を見ているからこそ、他の人よりもその違和感に気づくことができるんです。

いつも同じメンバーのライブや、同じ世代、同じぐらいの芸歴の芸人さんたちが集まるライブばかりに出ていても、ここには気づけないと思います。そういうライブは、出演者がみんな同じような衣装だったりするので、周りに溶け込んでしまってわからなくなるからです。

「先輩の背中を見ろ」というのは、衣装や立ち姿の格好よさを見て学びなさいという、文字通りの意味も、舞台人にはあると思います。

流れ星☆のちゅうえいさんは「靴を履いたら売れた」と、自らよく言っていますし、モグライダーも、ともしげくんが裸足をやめたらM－1決勝まで行きましたよね。

こういう事例のおかげで、今後裸足の芸人さんが出てきたら、注意することができます。偉大な先輩芸人さんたちが自ら経験した上で語ってくれた事実なので、「裸足はダメだ」としっかり伝えていきたいです。

あと、衣装や立ち姿以上に気になって、ダメ出しをしていることがあります。

それは、「圧が強い」ということです。

圧の強さは、声量だったり足音だったり、動きより音のほうが目立ちます。ネタや企画コーナーで、面白いことを言っていても、圧が強すぎてビビってしまい、笑えないという芸人さんは結構います。

そういうときは、大体表情も怖いことが多いのですが、その場で自分の顔は見えないから本人も気づきにくいらしく、なかなかわかってもらえません。

叫んでツッコミを入れて、笑いを取る手法は多いですが、同じセリフ、タイミングでも、これをやってしっかり爆笑を取ることができる人と、「うるさい」「怖い」と思われて、ウケない人がいます。それは、技術の差と、自分の圧の強さに気づいてるかどうかが大きいです。

ウケてる人は、叫んでいるだけのように見えて、声の出し方や動きでコミカルさを出して、圧を逃しているんです。「まず大声を出しとけばウケるから」と、お笑いの養成所で教えることがあるそうですが、それは養成所の生徒さんにはまだ照れがあり、舞台に立つ人としての声が出てないから、わかりやすくそう教えているだけだと思います。

プロとして舞台に出るようになったのであれば、圧の強さをコントロールしてほしいです。

「ダメ出しとはネタの中身の部分に向けてするものだ」と思われがちですが、それだけじゃないんです。色々な要素が合わさって、初めてお客様にネタが伝わり、ウケるということを、若手芸人には知ってもらいたいです。

そして、**「身だしなみや姿勢、圧の強さに気をつける」というのは、どんな仕事をする上でも大切な基本**だと思います。

励ますタイミングを見極めよう。

「ナルゲキ」出演メンバーがキングオブコントやM‐1など賞レースのファイナリストになることが増えて、嬉しい限りなのですが、決勝に残れなかった芸人さんにとって、「また来年頑張って！」「この調子なら来年はもっと上に行けるよ！」といった声は、励ましにはならなくて、むしろ「勝手なこと言わないで……」という気持ちになることのほうが多いようです。

お客様が心から応援したいという気持ちで励ましの声をかけてくれているのはわかるのですが、芸人さんは、本当に精神を切り詰めて、生活を切り詰めて、ネタ作りをしています。

ライブにかけては直して、相方と険悪な感じになっても、さらに考えて、試して、考えて……。そして「今年はこれで行く！」という、至極のネタを完成させて、大会に挑むんです。

Ｍ－１は、一回戦から上位3組に入るとネタがウェブ上に載ってしまうので、漫才師たちはそこも計算して、ネタ選びをしています。一つの勝負ネタだけでは足りないので、一回戦用のネタ、三回戦用のネタ、準々決勝・準決勝のネタと、勝負ネタを3、4本作らなくてはいけません。

賞レースが終わったら、また1年間かけて、新しい勝負ネタを生み出す必要があります。なので、**芸人さんからすると、「大丈夫！　来年はいけるよ！」という言葉は、「大丈夫！　爆笑が取れて、審査員にハマる、今までにないシステムの新ネタを3、**

４本作れるよ！」になるんです。言葉のプレッシャー、エグいですよね。

こんなことを言うと、「じゃあ応援するなってこと？」と思われるかもしれませんが、それはもちろん違います。

重要なのはタイミングで、芸人さんがやる気を出し始め、次の賞レースに向けて動き出したときに、「次は絶対に行けるよ！」と言ってあげると、すごく励みの声になると思います。

受験に落ちたときや、告白して振られたとき、会社で大失敗をしたときに、親や友達や同僚から、「大丈夫、また次があるよ！」と言われて、「いや、今は考えられないって……」と思ったことありませんか？

それと同じで、**本人たちの気持ちが次に向けて切り替わったタイミングで伝えれば、こちらの応援している気持ちが真っ直ぐ本人に届くはずです。**

偉そうに書いていますが、私も何度もタイミングを間違えて、芸人さんに怒られてきました。

たとえば、ある芸人さんの単独ライブの打ち上げで、いつもスタッフとやっているように反省点を沢山言って、「次回はもっとこうしたほうが……」などと話していたら、芸人さんから、「そんな反省点ばかり言われたら、失敗だったって言われるようなものだよ！」と叱られたことがありました。これなんて、わかりやすいタイミングのミスですよね。

落ち込んでいるときは一緒に落ち込んで、怒っているときは一緒に怒って、嬉しいときは一緒に喜ぶ。**自分に置き換えてやってみると、自然に相手を喜ばせることができるし、応援している気持ちが伝わると思います。**仕事で落ち込んでいる人を励ましたいときは、是非タイミングも意識してみてください。

長く一緒に仕事をしたいと思ってもらうために必要なこととは？

よく「K－PROのライブに◯◯（コンビ名）を出してほしい」というリクエストをいただいたり、SNSに書いてあるのを見かけたりします。

うちはその意見のおかげで新しい芸人さんを発掘できているので、とてもありがたいと思っています。なので、今後もどんどんリクエストをしてほしいのですが、そうして新たな芸人さんをライブに出すと、必ず出られなくなる他の芸人さんが出てきます。どのライブも、組数を無限に増やせるわけではないからです。

そんな中で、新たに出演した芸人さんが活躍したら、それまでレギュラーのように出ていただいていた芸人さんの出演回数がだんだんと減ってくることがあります。

実際にこの2、3年で、主要メンバーはかなり変わりました。今は有望な若手が沢山出てきているので、ここからさらに「ナルゲキ」の出番が減っていくレギュラーメンバーはいると思います。厳しいですが、そうして循環していかないと、ライブは回っていかないんです。

ライブは、「マンネリ」が一番の敵で、そのためにライブ主催者は、試行錯誤をしてメンバーを変えていきます。冷たいと言われたりすることも多々ありますが、その言い訳をするために、**うちはライブ毎にデータを毎回取って、その芸人さんがお客様を何人呼んでいるかを、常にチェックしています。**

お目当てのお客様が少なかったからといって、即ライブオファーを減らすということはありません。集客だけでなく、様々なところで、ライブに貢献してくれているかも見ています。

たとえば、楽屋でムードメーカーになってくれている芸人さん。

たくさんお客様を呼べなくても、楽屋でいつも中心にいて、みんなを盛り上げてく

れる人は、ライブにとって必要な人材です。Ｍ－１ファイナリストになる前のウエストランドなんて本当にそうで、お客様はそんなに呼べていなかったですが、楽屋では常に中心でした。

「今日楽屋が静かだと思ったら、ウエストランドいないのか……」という声をよく聞きました。

井口くんだけでなく、相方の河本太《こうもとふとし》くんもずっとニコニコしているので、みんなに愛されていました。

出演するライブの告知を、ＳＮＳなどでしっかりやってくれているかどうかも、結構見ています。

開催の当日に「今日はこのライブに出ますよー」と書くだけじゃなく、ライブ発表時にＫ－ＰＲＯの告知をリポストしてくれているかどうかも、しっかりチェックしています。

今は公演後に購入できる配信チケットを販売するケースが多いので、ライブ後の感想も投稿していただけるとありがたいです。

こういう告知を、本当に一切しない芸人さんはいます。

そういう人に**「告知協力してよ」**と言うと、**「いやー、告知ばかりだとファンが嫌**

がるんですよ」と言われたりします。でも、そこをうまくやっている芸人さんもいるわけなので、協力してほしいというのが本音です。

ファンに告知ばかりと思われるのは、普段の投稿が少ないからそう見えるわけで、日頃から呟《つぶや》く回数を増やしてくれればいいのにと思います。

ウエストランドの井口くんは、SNSの告知も頑張ってやってくれます。あれだけ忙しい井口くんがやっているのに、全くやってくれない芸人さんがいると、やっぱり比べてしまいます。

これはお笑いライブ界に限らず、どんな業種でも言えることだと思います。**一緒に仕事をやった相手が、自分も関わっていることなのに一切宣伝をしてくれなかったら、残念な気持ちになって、次は頼むのをやめようかな……**と思ったりしますよね。

「集客」「楽屋」「告知」、この三つがポイントですね。

これらを全部やってくれないなら、申し訳ないですが、他の芸人さんに出てもらうことを考えてしまいます。今は、「テレビに出たら、賞レースで結果が出せたら、ファンがつく」という時代ではないからです。**一瞬人気が出たとしても、その後の自己プロデュースができないと、すぐにファンはいなくなります。**他の応援しがいのある芸人さんに流れていきますし、なんなら他のジャンルを追っかけたほうがいいとなってしまいます。

お客様はしっかり見ています。そして悲しいことに、ライブのメンバーから外したばかりのときは文句を言ってくるファンの方もいらっしゃいますが、**ある程度日にちが経ったら、誰も何も言わなくなります。その芸人さんへの興味を失ってしまうんです。**そのスピードはどんどん速くなっています。若手の芸人さんのファンは、基本的に新しいものが好きな方が多いので、一組の芸人さんを出さないことへの説明に頭を悩ませている時間があれば、新しいライブ案を考えて、どんどん動き出したほうがいいんです。

少し厳しい話になりましたが、評価は舞台の上だけではないということです。

目先の仕事だけでなく、先を見据えた展望ができるようにしよう。

先日、いつもお世話になっている舞台監督さんとご飯に行ってきました。

そのとき聞いてびっくりしたのですが、某劇場ではライブのお客様の数が少ないと、直前で開催中止の案内をする場合があるそうなんです。

たしかに同じ赤字でも、チケットの販売枚数によっては、やるよりやらないほうが損をしない場合が多いです。ライブを中止にしたら、赤字は会場費のみになりますが、ライブを開催した場合は、そこに出演料が発生する分、その分プラスして赤字になるからです。

でも、チケットを買ってくださっているお客様もいるわけですし、ライブを計画した責任はありますし、出演芸人さんやスタッフのスケジュールを押さえているわけなので……うちにはできない判断です。

当たり前ですが、お客様が入るライブと、入らないライブの二つのパターンがあって、入らないライブの赤字は、入るライブの売り上げでカバーしています。なので、すごく儲かっているように見えても、別の日で丸々そのときの利益がなくなっていることもあるので、結局はプラマイゼロ……ということが多いんです。

そうなると、「お客様を沢山呼べる人気芸人の出られるスケジュール以外は、ライブをやらなければいい」となりますよね？

でも、それだと輪が広がっていかないんです。

ライブは、チケットの売り上げが全てですが、チケットの売り上げ一つとっても、今と1年後では全く違うものになります。どういうことかと言いますと、その時点では、誰よりもお客様を呼べていた芸人さんが、1年後には全く呼べなくなるということは、本当によくあることなんです。その当時来てくれていたお客様が、他の芸人さんのファンになっていたり、お笑いライブ自体を卒業していることが多々あるんです。**より魅力あるものに行きたくなるのは、仕方のないことで、だからこそ、ファンの心を離さないように日々努力をしていかないといけません。**

本当にシビアで厳しい世界だと思いますが、そこをしっかり見ていかないとダメなんです。

ちょっと話が逸れますが、すごく人気があったのに、ファンがどんどんいなくなっていく芸人さんの傾向は大体一緒でして、すごく単純なんですが、「ライブに出続けているかどうか」がポイントです。

ライブは、ファンの方と直接交流ができる場になります。

たとえば音楽の世界でも、一発屋と呼ばれるミュージシャンは何組もいますが、その中でも、今もしっかりツアーをやればお客様がついてくる人と、そうでない人がいます。その違いはやはり、「売れているときからライブ活動をしっかりやっていたか」が大きいと思います。

目先の仕事だけでなく、先を見据えた展望ができるかどうかが大事です。

そこを考えたら、ライブに出続けて、定期的に単独ライブを打つというシンプルなことを繰り返していればいいだけなので、周りのスタッフがその道を先導してあげるのが一番わかりやすいと思います。

吉本興業は、そこがうまいんですよね。

これはもう完全に文化の違いで、吉本以外の事務所には、「いつまでライブ出てるの？」という考えが根本にあります。

テレビ全盛期ならわかりますが、今は時代が違います。

月に何百万も稼いでいた芸人さんが、いざ仕事がなくなってきたときに、戻る場所がないのは厳しいです。しっかり先を考えている芸人さんは、単独ライブをずっと続けていますし、ついてきてくれているファンもいます。

そして、今の時代は配信があります。

そこをしっかり見据えていければ、ずっと安泰な道があるんです。

「ライブに出ない＝レア感」と見せて、人気を保つブランディングは、時代遅れだと思います。

会えない、見られないという状態が続くのであれば、もっとファンサービスをしてくれるほうに行ってしまいます。

それを理解して、しっかり実践して、テレビに出ながらもライブ活動もしっかりやってきたのが、M‐1王者となったウエストランドです。

井口くんは、よく自分で「人気が全くない！」と言っていますが、本当は、多くの人に愛されて、応援されているコンビだと思います。彼らの活動の仕方は、絶対に時代に合っているので、ウエストランドが単独ライブをやれば満員になると思います し、今後もしもテレビの活動が少なくなってきたとしても、お客様は離れず追ってき てくれるはずです。

話を戻しますが、**主催者としては、今人気がある芸人さんだけでなく、長く人気を保っていくだろうと思われる芸人さんをしっかりチェックして、その芸人さんやマネージャーさんと長く仕事を続けていけるようにする必要があります。**

また、今人気の芸人さんが沢山お客様を連れてきてくれている間に、次の世代を担ってくれそうな芸人さんに、まだ人気がない頃から目をつけていかないといけません。

ルックスがいいだけでも、ネタが面白いだけでも今の時代は難しくて、この先も応援しがいのある芸人さんに、お客様は惹かれるんです。

先の先の先ぐらいまで考えている芸人さんは、楽屋などで話していたらなんとなくわかります。**そういう先を見据えた行動ができている芸人さんは、今はまだお客様をそんなに呼べないかもしれないですが、だんだんと認められていったら、ある日一気にお客様がつき始めます。**

そのきっかけは、強いネタができたときかもしれないですし、平場（ネタ以外の企画やトーク）で他の芸人さんからイジられたりしたときかもしれません。

そのきっかけが来るまで辛抱強く、ライブに呼び続ける必要があります。その期間は赤字ライブになるかもしれないですが、いつか必ずお客様を呼べる芸人さんになってくれると信じるしかないです。

Ｋ－ＰＲＯのライブには、そんな原石ばかりが出ているはずですので、今後はそんな魅力にも注目してみてください。

表には出ていない裏の事情も察して行動しよう。

物事には全て表と裏があります。

K‐PROでいうと、「お客様から見えている部分」が表で、「お客様から隠れている部分」が裏になります。

ということは、お客様に見えている部分は、楽しい部分だけでいいので、「楽しい部分」が表で、お客様に見せなくていい、「苦しい部分」が裏になるかと思います。

たまに「あの芸人さんは、なんで出ないんだ？」「なんで呼ばないの？」と言われることがありますが、実は交渉しているけれど、マネージャーさんや芸人さんの判断で断られてしまうケースもあるのです。

これは先ほど書いたように「見せないほうがいい裏の部分」になるので言っていないですが、出てもらえない理由には、出演料や、「○○と共演NGなんです」という事情もあったりします。

お客様や芸人さんは表の情報だけで判断するしかないので、事情を知らずに想像して、色々言われることもあります。仕方ないことだと理解していますが、そうなった理由はしっかりあるんです。

ブッキング面だけでなく、たとえばコロナ禍で、劇場によってはお弁当が出せないときがありました。

K‐PROは、スペシャルライブと銘打っているライブに関してはお弁当を出していたんですが、公共施設のホールなどでは、感染対策のためお弁当がNGという場所があり、しかしなぜかおにぎりセットはOKだったので（恐らく軽食扱いになるため）、お弁当の代わりに置いていました。

この事情は裏で、表だと、ただ「お弁当がおにぎりセットに変わった」になりますよね。なので、芸人さんから「えっと……経費削減ですか？」「お弁当は、もしかしてベテランのみになりましたか？」「『お弁当じゃないのかよ！』と、僕以外の人たちが楽屋で揉めてたって児島さんに伝えておいてください！」と、苦情が伝わってきました（笑）。芸人さんは食べ物のこととなるとすごい執念を燃やしてきます。

目に見える部分だけではわからない、目に見えない事情が、恐らくどんな事柄にもあります。

それさえ頭に入れておけば、何かあったときにすぐにカッとなってイライラしたり、不安に思ったりしなくて済むと思います。

そのイライラや不安を、思っているだけならいいと思いますが、**表であるSNSなどに書いて、さらに誰かを傷つけるようなことになると危険です。**書かれたほうが、気に病んで病気になったり、命を落とす可能性があるからです。

「そんなことになるなんて考えていなかった」という言い訳は、今の時代もう通用しません。

昔「今年はM‐1いいところまで行くんじゃないか？」と言われていたコンビがいました。よくK‐PROライブに出てくれていた芸人さんです。

その芸人さんも、みんなからの期待を感じていて、「絶対頑張ります！」と会う度に言ってくれていました。ライブでの気合いの入り方も違うなあというのがすごくわかりました。

ところが、満を持して挑んだM‐1で、二回戦で落ちてしまったんです。

翌日、うちのライブに出演したのですが、もう本当にフラフラで、今にも消え入りそうな状態だったので、さすがに「大丈夫？」と声をかけたんです。このときは周りの芸人さんも、原因は早期敗退だと思って、慰めていました。

しばらくしたら、その芸人さんが申し訳なさそうに私のところに来て、こう言いました。

「すみません、実はフラフラなのはM‐1の結果というわけではなくて……。落ちたあとに、昔から応援してくれていたお客さんから、SNSで、『なんであのネタやったんだ！　殺意覚えた』って書かれたことがすごくショックで……。今回は、絶対に勝ちたかったから、色々な先輩や仲間の芸人に相談して、それで決めたネタだったので、それを言われたのが本当に辛くて……」

早期敗退よりも、お客様の投稿で落ち込んでしまっていたんですね。

「え、このネタなんだ？」と言いたくなるファンの気持ちは、私も長年お笑いを見てきたからわかります。でも、どんな気持ちでそのネタで勝負をかけたのかは、その芸人さんにしかわかりません。

「ＳＮＳに何も書いてはいけない」と言っているわけではありません。**まずは、相手を尊重して、相手が傷つかないように配慮して、その上で意見を書くのであれば問題ないと思います。**

ＳＮＳ上で、リプのやり取りをしている間にコメントがエスカレートしていって、最後にすごい暴言に発展している……というのを見かけることがあります。そういったことも、相手の気持ちを常に考えていれば回避できるはずです。できないなら、ＳＮＳはやらないほうがいいと思います。

そして、「物事がそうなったのには、必ず理由がある」と思って行動することは、とても大事なことだと思います。

ながら作業の訓練をして「聖徳太子スタイル」を身につけよう。

私はよくSNSなどで、「聖徳太子」と言われることがあります。知らない方に説明しますと、私はテレビ番組を見ながら、YouTubeやラジオを同時に何個か見たり聴いたりすることが多いんです。

右耳でラジオをイヤホンで聴きながら、左耳でテレビの音を聴きます。YouTubeはテロップが出るので、ほとんど音は消しています。

その状態で、ライブ準備などのパソコン作業もするので、**複数を同時にするということから、聖徳太子と呼ばれるようになりました。**

2014年に『WADAIの王国』という番組で、K-PRO特集が放映されたことがありまして、そこでその特技を紹介され、それから他の番組でも取り上げられるようになって、それがどんどん広まっていきました。

いわゆる「びっくり人間」として紹介されたことが最初なんです。

その後、いろんな番組やインタビューで、「最高何個までいけますか？」「実際に披露していただくことってできますか？」「準備からひとくだり終わるまでで、大体何分ぐらいですかね？」と、聞かれるようになりました。

超能力者じゃないんだから……と思いつつ、「内容把握なら4つ、チェックなら5つはいけるんじゃないですかね？」と答えました。

『今夜くらべてみました』という番組に出させていただいたときも、オンエアはなかったんですが、収録では、「児島さんは本当に聞き分けられているのか、実際にやっていただきましょう！」という流れがあって、右耳に劇団ひとりさんが、左耳にフットボールアワー後藤（輝基《てるもと》）さんがそれぞれ違う話をしてきて、それを同時に理解できるのか？　という実験をやりました（ゴールデンタイムの番組で、錚々たる芸能人の方々がいる中での企画で、すごく恥ずかしかったです）。

ちなみに、余裕で聞き取れました。というより、「二人ぐらい誰でもできるだろう」とスタッフさんが気づいて、それでお蔵入りになったんだと思います。

この特技が身についたのは、もともとは学生の頃に、ラジオを聴きながら勉強したり、調べ物をしたりという、多分皆さんも経験あることがきっかけです。その頃から私は、ラジオを聴きながら、勉強しつつ、さらに、録画したお笑い番組を一つのビデオにまとめる作業も同時にやっていました。「ビデオにちゃんと録れているかな？」と気になるから、それも流しながらチェックしてるうちに、ラジオとビデオと勉強を同時にとなって、それを繰り返しているうちに、「あ、このやり方でも頭に残るな」「だったらもっと沢山のものを同時に見られるな」、そんな感じで増えていきました。

テレビもラジオもライブも、沢山見続けていたら、それぞれの流れってありますよね。それがだんだんとわかってくるから、ちゃんと見なくちゃいけない部分と、聞き流せる部分がわかるようになるんです。

慣れれば、多分誰でもできると思います。

最初にテレビで放送されたあと、たしかスパローズの森田（悟）さんに「普通、お笑い好きならあんな見方しないでしょ！」と笑いながらツッコまれました。「たしかにそうだよな」と自分でも思います。

同時視聴をするときは、しっかり見るためにではなく、チェックするためにしているので、ネタはちゃんと集中して見ています。決して失礼な見方じゃないんだと、ご理解いただきたいです。

ちなみに、この文章も、一度見たり聴いたりした番組やライブを流しながら書いています。

二度目なので集中せずに聞き流してもいいですし、書くネタをふと思いついたりもするので、すごく重宝してます。

チェックすべきものが多すぎてタイム・パフォーマンスを重視する世の中です。少し訓練すればできると思うので、「聖徳太子スタイル」に挑戦してみませんか？

肩書きがないなら、作ればいい。

お笑いライブには難しいところがありまして、それは、**「知名度や認知度が笑いに関わってくる」**ところです。

面白ければウケるという、簡単なものじゃないんですね。

お笑いライブは、お客様と芸人さんの信頼関係の部分が大きくて、お客様に「このネタで笑っていいんだ」と思ってもらわないと、なかなか爆笑は生まれないんです。

舞台袖にいる芸人さんだけがウケていて、客席に全く笑いが起きていないときは、芸人向きの笑いというよりは、その芸人さんのキャラやネタ運びが、お客様に浸透してないからという理由が大きいと思います。

東京ホテイソンは、以前はどちらかというとオーソドックスなネタをしていて、どのライブでもしっかりウケていたのですが、今の伝統芸能風ツッコミスタイルに変更した途端、お客様から全くウケなくなったんです。

でも、周囲の芸人仲間が「最近のホテイソンはすごいぞ、面白いぞ」と色々なところで言って回ったり、ネタ番組に出たり、M-1で結果を出すにつれて、大爆笑を取るようになっていきました。

これは、お客様がミーハーというわけじゃなくて、**笑い方、楽しみ方がわかってきたから笑えるようになった**ということだと思います。

うちと業務提携している、おせつときょうたという芸人がいますが、普段は浅草の寄席を中心に活動していて、高齢の方がいる客層の寄席だと、誰よりも笑いを取っています。でも、M-1だと結果は出せていません。これは、「お笑い筋肉」のつけ方の違いだと思います。あまり言いたくない言葉ですが、ルールが違うんですね。

なので、面白い若手芸人さんがいたとしても、その若手たちが、上の世代の芸人さんを見に来ているお客様方にどうすれば認めてもらえるか、作戦を考える必要があります。

一番いいのは、先輩芸人たちと同じライブにどんどん出て、時間をかけて知ってもらうことですね。だんだんとウケてくるようになると思います。ただ、そこでも「この若手は面白いんだよ」「見ていて損はしないですよ」と思ってもらえるような見せ方をしないといけません。

十数年前であれば、ネタ番組に一回出ただけで、人気と知名度がグンと上がって、その活躍に付随して営業の仕事なども入ってきたりしていました。さらに遡って『ボキャブラ天国』や『爆笑オンエアバトル』の初期の頃は、一度番組に出ただけで、他の番組のレギュラーが決まってバイトを辞められたという話が沢山ありました。

でも今は、テレビのネタ番組に一回出たからといって、爆発的に人気が出たり、SNSのフォロワーが一気に増えたり……ということはありません。やっぱりM－1やキングオブコントなど大きな賞レースの肩書きがつくのが一番だと思いますが、**肩書きがないなら、自分で作ればいいんです。**

たとえば、人気のネタ番組に出ることができたら、「●●というネタ番組に出た、すごいコンビが単独ライブをやります！」と、単独ライブを企画して、番組名を利用して自信を持って宣伝して、客席をしっかり埋められたら、そのコンビには「単独ライブ満員」という肩書きが増えます。

こうやって肩書きを増やしていけば、だんだんと「その肩書きのすごさ」を知ってくれる人が増えていきます。

そこでようやく、ファンがついたり、仕事が増えたりするんだと思います。テレビやラジオに出ただけでは売れっ子になれない今の時代、こうした自己プロデュース能力も必要です。

「〇〇先輩のオススメ芸人です」というのも、すごい肩書きで、なんなら賞レース以上の信頼感があると思います。たとえば、若手芸人さんの出演をSNSで告知する際に、人気のある先輩芸人さんと一緒に写真を撮って出すだけでも注目度は上がります。そうすることで、お客様に興味を少しでも持ってもらえると、ネタを見たときの集中力も変わってくるんです。

そんなことある？　と思う方もいると思いますが、賞レースの一回戦でも、「あれ？このコンビの名前、聞いたことあるな」という芸人さんのネタのほうが、全く知らない芸人さんのネタよりもじっくり見ちゃうものですし、ネタに集中するだけで、笑う態勢になります。

他にもサブリミナル効果じゃないですが、推したい若手芸人さんをより知ってもらうために、私たち裏方も実は細かいことを色々やっています。

若手にはよく「ファンをつけよう」「お客様呼んでね」と言っているんですが、それは、客席に少しでも味方がいて、ネタをやっているときに笑ってくれたら、自分を知らないお客様にも「笑っていいいんだ」という気持ちを持ってもらえるからです。

お客様が手に取りたくなる「肩書き」をつけてあげるのは、お笑いに限らず、商品や人を売るためにとても重要なことだと思います。

仕事は選んでいいけれど、断り方のマナーは守ろう。

ここ数年、私個人への取材や、テレビ、ラジオへの出演依頼も沢山いただけるようになりました。本当にありがたいことなのですが、全部の仕事を受けているわけではありません。

お断りするときの理由は、これまでの経験上「これは受けたら放送時に損をするんじゃないか?」と思うからで、たとえば「台本に嘘があるもの」だったり、「あきらかに変人扱いされているもの」だったりと、出たらK-PROとして損しちゃうかもな……というものは、お断りするようにしています。

私はもともとテレビっ子で、演出上の嘘は、多少は仕方ないと思うほうなので、ある程度は許容しています。それでも、その枠以上のことになると、**その場で「できません」ときっぱり言うようにしています。**

「仕事を選ぶのは当たり前のことだ」という風潮はあります。それでも多分皆さんもそうだと思いますが、**断るときって、かなりの勇気と不安が常につきまとうもの**だと思います。

K‐PROも昔は来るもの拒まずで、「赤字にならないのであればなんでもやります」の精神で、来る仕事は全て受けていました。

仕事を初めて断るときは、一緒にK‐PROを始めた松本と何度も話し合いました。仕事が今後なくなる可能性まで考えていました。私個人への番組出演や取材に関しても、最初にお断りする際は不安でいっぱいでしたが、「K‐PROの本業はライブ運営だから、最悪全て失っても大丈夫」という気持ちでいればいいと気づいてからは、「嫌なものは嫌」と言えるようになりました。

でも芸人さん、特に若手の芸人さんはそれがなかなか言えないんですよね。だからこそ、マネージャー側がしっかり守っていかないといけません。

仕事って、断り方が大事だと思います。ただやりたくないと捉えられる断り方と、理由をきちんと理解してもらう断り方では全然違いますし、後者は、逆に言えば「この条件を飲んでくれたらやらせていただきたいです」という逆交渉みたいなものなので、そこを頭に入れておけば、また他の仕事を持ってきてくれることもあります。

とにかく「あそこ（あの人）はすぐ嫌がる」「面倒だよね」という印象さえつけなければ、仕事は再度いただけるはずです。

条件を先に言っておくという手もあると思いますが、その場合は「後出し」はないようにしましょう。めちゃくちゃ信頼を失います。

だから、私は意見を言うのは一度だけと決めています。

その一回でうまく気持ちを伝えることができずに、先方に不愉快な思いをさせてしまった場合は、しっかりと謝罪したり、乗り気でない仕事だったとしても覚悟を決めて受けたりしています。

色々書きましたが、「断り方にもマナーはあると思うので、そこさえ押さえておけば心配ないけれど、奥が深いので気をつけて」という話でした。

どんな仕事も筋はしっかり通さないとダメ！

若手芸人さんの所属事務所から「あのコンビと揉めたのでライブに出さないでほしい」というような連絡が過去に何度か来たことがあります。いわゆる**「業界から干される」というやつ**ですね。要は「そのタレントを育てたのは事務所だから、うちが作った商品価値がなくなるまでは、仕事をさせるな」ということです。

たとえば、フリーの若手芸人コンビAがいるとします。AがM－1の三回戦まで勝ち上がって、そこで目をつけたBという事務所がスカウトをしました。B事務所は、Aを売るために、個別マネージャーを雇って、Aに色々な仕事を取ってくるように指示しました。でも、無名のAを使いたいというところはありません。

そこで、マネージャーは、Aを事務所の大物タレントのバーターとして、「出演料は無料でもいいから出してほしい」と、各所に連絡をして、いくつか仕事を取ってきました。この時点で、Aには仕事はあるけれど、お金が発生する仕事は一つもありません。でも、B事務所はAを生活させるために、給料を支払います。そして、個別マネージャーにも給料を支払います。

マネージャーが無料で取ってきた仕事で、結果を出したAの評判が上がり、Aにお金の発生する仕事の依頼が入ってきます。でも、Aの給料は上がりません。なぜなら、B事務所は、「先行投資」として無料で取ってきた仕事の期間中、AやAのマネージャーに支払ったお金を回収できていないので、ようやく稼ぎ出したAの出演料から回収をしたいからです。

でも、Aは納得できません。現場で結果を出しているのに、事務所に入りたての頃と給料が変わらないからです。

Aは、「こんな事務所にいられるか」と、事務所を辞める決心をします。B事務所は、今辞められたら、「Aの先行投資分も回収できてないし、これで他で仕事をされたら損にしかならない」となり、ならばせめて、「Aを先行投資して価値をつけた以前の状態」に戻すまで、仕事をさせないようにしたいと考え、色々な場所に、「Aを使わないでほしい」と連絡をすることにします。

……かなり大雑把に書きましたが、こんな感じに「干す」という状況が生まれます。

もちろんこれは一例で、他にも様々な理由がありますが、なぜ「干す」という状況が生まれるのかはご理解いただけましたでしょうか（念のため書いておきますが、この例にモデルはいません）。

芸人さん側、事務所側双方の気持ちはわかるので、「この芸人を使わないで」という連絡を受けた場合、うちは昔から「わかりました。こちらからオファーはしません」「ただ、若手エントリーライブから勝ち上がってきた場合は、ルールとしてライブに出ることはあります」というスタンスでずっとやっています。

K－PROも所属芸人を抱えるようになり、何組か辞めていった芸人もいます。今のところ、干す連絡をしたことはないですし、今後もないと断言できます。気持ちはわかるとはいえ、そんなことをしたいとは思わないですし、「芸人を育てた」と思っていないからです。

ただ、**不義理で辞めていった芸人は、うちのライブには呼ばないとは決めています。どの仕事もそうですが、筋はしっかり通さないとダメだと思います。**

K－PROを始めた当初に比べたら、「干される」状況もかなり変わってきました。昔はライブも含めて、最低半年以上は全ての活動が完全NGでしたが、その後、「メディアの仕事はダメだけどライブならOK」になり、今は、少なくともうちにまで「あの芸人を使うな」などという連絡が来ることはほとんどなくなりました。

特に今は、何かあればすぐ個人がYouTubeなどの媒体で赤裸々に話すことができるので、そうなると事務所側はなかなか強く言えないのかもしれません。

芸能界もだいぶ変わって、「干す」ことはなくなってきても、まだまだ「忖度《そんたく》」はある世界です。

仕事相手の芸人さんに何かあったときに、周囲の動向に流されず、しっかり自分の気持ちで動ける人間でいたいと思っています。

意地悪で攻撃的なクレームに打ち勝つ方法、教えます！

以前、ウエストランドの井口くんが、DMで長文のクレームが来て腹が立ったということを、ライブのオープニングトークや、自身のYouTubeチャンネルなど至るところで発表していました。

DMの内容は、楽屋で他の芸人さんたちに愚痴を言っているのを横で聞かせてもらって知りましたが、本当に言っていることがめちゃくちゃで、気にする必要はないし、「無視して終わり」のようなものでした。

でも、井口くんは真正面からそのクレームにぶつかっていって、怒りを全員にぶつけて笑いに変えていたんです。**井口くんは昔から、怒りをそのまま溜め込まずに吐き出して、それをやる気と芸に変えて発散して、それでM－1チャンピオンにまでなったので、本当にすごいなと思います。**

こういう仕事をしていると、私のところにも、苦情やクレームの連絡が来ることがあります。もちろん、**ちゃんとした問い合わせに関しては誠心誠意向き合いますが、キツい言葉で、明らかにこちら側にダメージを負わせようとしてくる攻撃的なものが送られてくることも多いです。**今でこそ酷い意見を見てもなんとも思わなくなりましたが、主催者になりたての頃は、一つのクレームや見なくていい掲示板などを見ては、かなりダメージを負っていた時期がありました。

「お客様に喜んでほしい、楽しんでほしい一心でライブをやっているのに、なんでこんな酷いこと言われるんだ……」と、すごく落ち込んで、それを書いている人の思惑通りの展開にちゃんとなっていましたが、徐々に慣れて、気にしなくなっていきました。それでも少しは嫌な気持ちになったり、腹が立ったりすることもあります。

意地悪なクレームを読んでイライラしたときに一番困るのは、頭が働かなくなることなんです。嫌な気持ちになりたくないというよりは、頭が働かなくなるのが嫌で、そういう**キツいことを書いている人のアカウントはミュートしたりして、見ないようにしています**（そういうメールを受け止めて、逆に頭の回転を加速させてネタにする井口くんのことを、本当に尊敬します！）。

ちなみに私にダメージを与えたいときは、キツい調子よりも「丁寧に、親身になっている感じ」のほうが、こちらも申し訳なくなりますし、効果的です（笑）。

私はライブの主催以外にも、テレアポやリコールの電話対応のバイト経験もあり、クレームへの対応や攻撃に耐える精神力はそこで鍛えられたと思います。そんな私が、実際に経験して会得した「クレームが来た場合の精神の保ち方」について、紹介していきますね。

①他人事だと思う。

自分や自社のことだと一切思わないようにして、他人のことだからと思って対応しましょう。自分に言われていると思うと、「許してもらえるまで謝り続けないと」と思ってしまいますが、他人のことだと思えば、そこまで謝らなくてもいいやってなりますよね（笑）。そのぐらいがちょうどいいんです。

②ランキングをつける。

歴代クレームランキングをつけて、ゲーム性を持たせてみましょう。「うわー、今回のはすごいから、第3位ぐらいかなあ！」みたいに、楽しんじゃいましょう。これはかなりオススメです。なぜなら、**ランキング1位は恐らく「最初にダメージを負ったクレーム」だと思うので、それを越えることはほとんどないはずです。**「自分が以前に受けて乗り越えたクレーム」以下のものなのだから、大体耐えられるはず。免疫がついている分、かなり楽だと思います。

③同情する。

「うん、うん、わかります」と、逆に同情してみましょう。「よし、同情してみようかな！」と、気持ちを切り替えてからやってみてください。**同情してみたら、意外と相手が言っていることや望んでいることがわかってきて、嫌だと思っていた相手の態度も、なぜか許せてくるはずです。**

他にも、「自分がロボットだと思う」「相手がそういうキャラを演じていると思う」「企画コーナーだと思う」などありますが、結局のところ、**「深く相手にしないようにしましょう」**ですね。

是非参考にして、自分なりの対応法を見つけてみてください！　ライブ主催者もそうですが、**接客業には苦情やクレームはつきものです。必ずあります。しかも、半端じゃない数が来ます。その全てに、一つ一つ注ぎ込んでいたら、他のことをやる時間**

が減り、事業を前に進ませることができなくなります。やらなきゃいけないことは他にも沢山あります。クレーム対応に費やす時間は、正直ありません。このぐらいの気持ちじゃないと精神・体力共にダメになります。

一度しかない人生を、明らかにダメージを与えてこようとする意地悪なクレームに邪魔される必要はありません。もっと違うことに頭を使いましょう。

燃え尽き症候群にならないために。

一つ仕事のプロジェクトが終わって、次にやりたいことがあるのは本当に幸せなことです。

これはイベンターあるあるですが、**次の目標があるから、目の前のイベントに集中できるんですね。**何もないと多分、イベントが終わったと同時に「燃え尽き症候群」になってしまいます。

私も過去に一度なったことがありまして、それはK－PROを始めて6年目だった2009年に、初めて「なかのZERO小ホール」で、K－PRO最大の看板ライブ『行列の先頭』を開催したときです。

初めてのキャパ500人超えのライブで、オープニング映像の最終チェックをするために、開場直前に誰もいない客席でVTRを流したとき、感極まって泣いてしまったぐらい嬉しかったことを覚えています。ライブもめちゃめちゃ盛り上がりましたし、当時出てほしかった芸人さんのほとんどに出演していただけました。

そして終わったら「あー、もうこれでいいや」と、燃え尽きてしまいました。これ以上のキャパも望んでいなかったですし、やりたいことがなくなってしまったんです。

「情熱なくなってるなー」「惰性でライブに取り組んでるなー」と、自分でもわかりました。表面上、仕事はしっかりやっていたので、そんな状態だと気づいていたのは、ずっと一緒にやってきた松本ぐらいだと思います。

無気力状態から戻れたきっかけは、「なかのZERO小ホール」のライブ映像を見返したときでした。通常、大きな劇場で開催するライブの場合、カメラ数台で撮るんですが、メインのカメラは会場全体が映る位置に固定して撮るようにしています。ところがこのときは、メインのカメラの映像が、ものすごく動いていたんです。

理由を聞いたら、記録用カメラ係のスタッフに「いつかは映画監督になりたい」という夢があって、その血が騒いでしまったから……とのことでした。

このまさかのミスがきっかけで、「ちゃんとした映像を押さえるために、今回以上のライブをやらないと！」と、やる気が戻ったんです。「完璧なライブは一度もない」と、ミュージシャンの方がよくインタビューで言っていますが、恐らく**「完璧だと思った時点で終わる」と本能的にわかっている**からだと思います。

成功したと思って満足せずに、細かいところを顧みて次回に活かせる反省点を見つけて、もっと完璧な成果を目指すのは、燃え尽きてしまわないためにも必要なことです。

同様に、多少無理してでも先の目標や目的を作ることは本当に大事で、すべての原動力になります。

大きなイベントが終わったあとのK－PROは、次にもっと面白いことをやりますよ。そのための第一歩として、目の前のイベントを全力で成功させます。

やりたいことを口に出して言い続けていたら、いつか叶う。

2009年に、初めてキャパ約500席の「なかのZERO小ホール」で『行列の先頭』を開催したとき、出演していただいた東京03の飯塚（悟志）さんから、**「児島さん、このメンバーなら隣の大ホールいけるんじゃない？」**と言われて、そのときまで全く意識していなかった、キャパ約1300席の「大ホール」が気になりはじめ、「いつか大ホールでやるぞ！」と、全く考えていなかった目標が突然見えてきました。

その後何回か、「なかのZERO小ホール」での公演を挟んで、遂に2011年の5月に「大ホール」を押さえ、その年の2月に「小ホール」で開催した『行列の先頭』のときに、「次は大ホールで！」という折り込みチラシも入れました。

芸人さんからも、お客様からも「無理じゃない？」と言われまくったのを覚えています。

でも、その年はできませんでした。

その年の3月に、東日本大震災が起こり、全てのスケジュールが一旦白紙になったからです。

めちゃくちゃ気合いを入れていたこともあり、「大ホール」公演ができなくなったのはすごく残念でした。

立ち直るのに時間が必要でしたね。でも、今思うと、あのときはやらなくて正解でした。

　というのは、Ｋ－ＰＲＯは、**開場から終演まで、お客様に気持ちよく快適に過ごしてもらえて、初めて「その会場でライブができた」ことになる**と思っているのですが、当時のスタッフの戦力、Ｋ－ＰＲＯのレベルでは、お客様に満足していただけるライブにはできなかったと思うからです。

　集客も、当時のＫ－ＰＲＯだったら満席にすることは難しかったのではないか、という気がします。

　そんなこともあって、２０１１年の「大ホール」開催の中止は、運命だったと思っています。

　その後、「渋谷さくらホール」や「赤坂BLITZ」、「東京グローブ座」など、様々な劇場で『行列の先頭』をやらせていただき、再び「なかのZERO大ホール」にチャレンジできたのは、２０１７年でした。

　中止発表からは6年、東京０３の飯塚さんに「大ホール、いけるよ」と言われてからだと、8年以上の年月が経っていました。

　開催当日は、**「8年かかったけど、たどり着けたよ」と、心の中で当時の自分に言いました。**

自分の中で、多分「なかのZERO大ホール」は一つのゴールだったんだと、終わったあとに気づきました。

この年を含めて「なかのZERO大ホール」では四回も公演をやらせていただき、ありがたいことに全て満員御礼となりました。

その後2021年に「東京国際フォーラム」、2022年には「LINE CUBE SHIBUYA(渋谷公会堂)」、「EX THEATER ROPPONGI」と、さらに大きなチャレンジをさせていただき、当時以上に盛り上がるライブをすることができました。

でも、これも全て、「なかのZERO大ホール」の経験があったからですし、「小ホール」から「大ホール」へという夢が叶ったからだと思います。

私は**「言霊」ってあると信じていて、やりたいことを口に出して言っていれば、いつか叶う**と思っています。多分、霊的なものではなく、**言い続けていたら、「それをやらないといけない」という気持ちになって、実現に向けて勝手に脳内で動き出す**からだと思うんです。

なので、同僚や友達、家族など、周りにいる人に夢をどんどん語ってください。

K-PROの歴史はチャレンジの歴史です。

この先も無理だと思うことでも、**どんどん声に出して実現させていきたい**です。

「妄想からのマインドコントロール」をおすすめします。

どこの業界でもそうだと思いますが、次から次にやらなきゃいけないことがやってくると、精神的にいっぱいいっぱいになってしまいますよね。でも、焦らずに一つ一つのことに楽しさ、やりがいを見出していかないと、うまくいくはずのものも失敗してボロボロになってしまいます。

そうならないように、**色々な手段で気持ちを楽にして、やる気を出して頑張れるようにしなければいけません。**

私の場合、**毎回追い詰められそうになったときは、とにかく楽しいことだけを想像して乗り切っています。**楽しいことの想像といっても、「旅行に行きたいな」とか「あれ食べたいな」とかではなくて、私の場合は「仕事がうまくいったときの妄想」をして、そうなればいいなとニヤニヤすることです。

頭がこんがらがったときは、常々この考え方で乗り切ってきました。

今、私の場合は「K－PROの劇場、『ナルゲキ』が盛り上がって、連日満員になっていること」をまず想像します。

満員になっていると考えたら、次に「ではお客様は誰を見に来ているのか？」「どんな内容のライブなのか？」「時期はいつ頃の話なのか？」など、想像したものをより明確にしていきます。そして「ああ、若手もぐんぐん人気をつけていってくれているな〜」などと、想像していくんです。こんなことを妄想し続けていると、脳が勝手に、「ではナルゲキは一体どうやって盛り上がってきたの？」と、そこに至るまでの過程を考えようとし始めます。

「『ナルゲキ』ができたときはかなり苦戦したけど、徐々に芸人さんやお客様がナルゲキというワードを頻繁に使ってくれるようになったり、〝『ナルゲキ』のこのライブはマストで行く〟という人気ライブがいくつかできてきたりして広まっていって、徐々にレギュラーライブもお客様が入り始めてきたんだよなあ」

……みたいな感じに、「最終的な理想にたどり着くまで」を妄想してみるんです。

つまり、**先のことを考えずに今だけを見ていると、やることが積み重なってきたときにパニックになってしまいますが、先に最終的な理想から逆算していって、その過程もある程度想像しておくと、同じ環境でも「今後の道筋」が見えている分、落ち着**

いて、自分を信じて行動できるようになるということです。

先を考えるときは、公園でもソファーでもベランダでもどこでもいいので、数分間ぼーっとして考えます。

先ほど書いたような、かなり大雑把な妄想でも全然いいと思いますし、たとえば、「そういえばランジャタイとAマッソが売れて、全然ライブに出られなくなってきてお客様が減ったときがあったなあ」「その穴を埋める次の世代の芸人さんが出てきてくれて、なんとかピンチを乗り切ったなあ」とか、具体的なピンチが来る未来を想像すると、**いざそのピンチが本当に来たときも「なぜかすでに経験してる」という気持ちになって乗り切ることができます。**

最初はここまで考えずに、成功した楽しい絵を思い浮かべるだけでいいと思います。また、満員の「ナルゲキ」を妄想すると、「満員だから、お客様の整列も考えないとなあ」と、売り上げだけでなくスタッフ業務のことまでシミュレーションできるので、そのおかげで当日一歩早く動けたりするのでいいですよ。

妄想からのマインドコントロール、かなりおすすめですので、「うわー」ってパニックになることがあったら是非実践してみてください！

自分がやっている仕事の歴史は、絶対に知っておいたほうがいい。

「ナルゲキ」ができて、サンミュージックにご挨拶に伺ったときに、サンミュージックの副社長に就任したばかりの、ブッチャーブラザーズのリッキーさんにお会いすることができました。お笑い界のレジェンドであるリッキーさんは、「ナルゲキ」に興味を持ってくださって、ありがたいことに「全面協力するわ！　なんでも言ってきて！」と後押しをしてくださいました。

その際に、ブッチャーブラザーズが若手芸人だった頃の話から、私が憧れていたボキャブラ時代の話、そして最近のライブシーンの話まで、東京お笑い界の生き字引として、本当に色々なお話をしてくださいました。私はもともとお笑いファンということもあって、当時の話を先人たちから聞けるのが何より嬉しいんです。私も20年以上この業界にいますが、さらに倍以上いらっしゃる方のお話は全てがすごすぎました。

私がそれまでに先輩たちから聞いてきたこととほぼ同じことをリッキーさんもお話

しされていて、「あの人が言ってくれていた通りだったんだなあ……」と改めて思い、先輩たちへの感謝の気持ちが溢れてきたんです。今までも沢山の方から色々教わってきたけれど、みんな本気で話してくれていたんだなと感じて、すごく嬉しくなりました。

古い考えかもしれないですが、**自分のやっている仕事の歴史は、私は絶対に知っておいたほうがいい**と思います。

今東京にはK‐PRO以外にもいくつもライブ団体があり、その分、主催者や作家の方がいらっしゃいますが、多分私より歴史を知っている人はなかなかいないのではないかと思います。正直、それだけでかなりのアドバンテージがK‐PROにはあると思っていて、うちはなぜか新しいライブ団体ができる度に「いつかK‐PROを越えるから！」と言われることが多いんですが、「申し訳ないけどそう簡単には越されないよ」と毎回思っています。

その理由は、うちがピンチになったときは、業界の先輩方が守ってくれるからです。諸先輩方から東京のお笑い界、東京のライブを引き継ぐのはK‐PROだと実際に言っていただけていますし、その覚悟も持っています。

それだけ信頼していただいているのは、私が、**先輩たちが築いてきた歴史にリスペクトを持っていると思っていただけたからでしょうし、仕事を始めるならばまずは歴**

史から勉強をしないと、上の世代の人たちの信頼を勝ち取るのは難しいと思います。

尊敬しているスラッシュパイルの片山勝三さんは、同じ業界の先輩ですが、初めてお会いしたときに言われたことは、「僕、東京のライブの歴史は全くわからないんで、今度色々聞かせてください」でした。

逆に私は大阪の吉本の歴史などは全く知らなかったので、もともと関西の吉本興業でマネージャーをされていた片山さんから色々教えていただきました。全部すごい話でしたし、そのとき伺った話から、今に活かせていることも多いです。

お笑い界は体質が本当に変わらないですし、ここは変えていかないとダメだと思う部分も多いです。他業種の勉強をすればするほど、色々考えさせられる問題点が出てきます。でも、根本的な部分はしっかり守っていかないといけないということも、沢山の先輩からお話を伺うとわかってきます。

それが、文化や伝統なんだと思います。

私は若いときから、1989年から開催していたお笑いライブ『いしだちゃん祭り』の主催者、石田伸也さんや、昔の「ラ・ママ」を知っている関係者の方と話す機会をなんとか作っていただき、積極的に当時のお話を聞かせていただいてきました。

「K－PRO を倒す」と言われるのは全然構わないんですが、お笑いライブの主催者になろうとしている若い人が、誰も「児島から話を聞いてみよう」とはならないのは、正直不思議です。一切リスペクトされてないんだな……と思うと悲しくもなります。私が今20代で主催者をやってみたいと思っていたら、まずK‐PROの人間から話を聞いてみたいと思うけどなあ……と思ってしまいます。

伝えたいことは沢山あるんですけどね。K‐PROのノウハウの根本的な部分は、間違いなく東京お笑い界の先輩たちから教えていただいた歴史にあるので、そこを引き継いでくださる方がいたら、私は嬉しいです。

あとは、K‐PRO旗揚げの2004年からの10年間の話を若い人と共有したいという欲があります。**「自分たちが青春してた時代の話」は、誰かに知ってもらいたいし、語り継いでいきたいんですね。どんな世界でも、先輩が気に入ってかわいがりたくなる後輩というのは、「先人たちの作ってきた歴史をリスペクトして、興味を持っている人」**だと私は思います。

そんな私の「伝えたいこと」をこの本の中に詰め込みました。皆様のお役に立てたら幸いです。

そして来年20周年を迎えるK‐PROは、さらに面白いことをどんどん仕掛けていきますので今後ともよろしくお願いいたします。

本書は2020年6月2日からオンラインサロン「K-PRO児島のお笑いライブサロン」で毎日更新している「児島サロン限定ブログ」から抜粋した原稿に加筆修正をし、再構成したものです。

児島気奈（こじま　きな）

1982年生まれ。東京都出身。株式会社K-PRO代表として、年間1000本以上のお笑いライブを企画、主催。さらに番組制作のキャスティングや所属芸人の育成、マネジメント業務なども行っている。2021年4月には劇場「西新宿ナルゲキ」をオープン、連日ライブを開催し、若手芸人が出られる舞台を運営している。

K-PROホームページ　kpro-web.com

笑《わら》って稼《かせ》ぐ仕事術《しごとじゅつ》
お笑《わら》いライブ制作《せいさく》K-PROの流儀《りゅうぎ》

2023年10月10日　第1刷発行

著者　児島気奈《こじまきな》
発行者　小田慶郎
発行所　株式会社　文藝春秋
〒102-8008
東京都千代田区紀尾井町3-23
電話　03-3265-1211

印刷・製本　図書印刷

ISBN978-4-16-391763-4
Printed in Japan